从零开始玩转
活动策划

升级版

张宇微 / 编著

电子工业出版社
Publishing House of Electronics Industry
北京·BEIJING

内 容 简 介

本书以还原真实操作情境为主,深度剖析线上线下活动主题、活动流程、活动备选方案、活动策划原则,以及各类型活动、各行业活动、线上线下联动活动的策划方法和要注意的问题,并给予详细讲解,让你从活动策划小白变成活动策划高手。

本书侧重于讲解活动策划的实操方法,还原真实情境,让读者能够感同身受、学完就用,遇到问题时便于及时查阅解决办法。本书内容共鸣感强、实操性强、可借鉴性强,符合现代市场工作需要。

本书非常实用,既可以作为活动策划新人的入行宝典,又可以作为职场高手的借鉴用书,还可以作为各大高校相关专业的教材,同时可以帮助企业快速明白活动策划之道,解决传统企业常见的棘手问题。

未经许可,不得以任何方式复制或抄袭本书之部分或全部内容。
版权所有,侵权必究。

图书在版编目(CIP)数据

从零开始玩转活动策划:升级版 / 张宇微编著. —北京:电子工业出版社,2023.8
ISBN 978-7-121-45802-6

Ⅰ.①从… Ⅱ.①张… Ⅲ.①活动—组织管理学 Ⅳ.①C936

中国国家版本馆 CIP 数据核字(2023)第 111467 号

责任编辑:高洪霞　　　　特约编辑:田学清
印　　刷:三河市良远印务有限公司
装　　订:三河市良远印务有限公司
出版发行:电子工业出版社
　　　　　北京市海淀区万寿路 173 信箱　　邮编:100036
开　　本:720×1000　　1/16　　印张:17.5　　字数:313.6 千字
版　　次:2018 年 4 月第 1 版
　　　　　2023 年 8 月第 2 版
印　　次:2023 年 8 月第 1 次印刷
定　　价:88.00 元

凡所购买电子工业出版社图书有缺损问题,请向购买书店调换。若书店售缺,请与本社发行部联系,联系及邮购电话:(010)88254888,88258888。
质量投诉请发邮件至 zlts@phei.com.cn,盗版侵权举报请发邮件到 dbqq@phei.com.cn。
本书咨询联系方式:faq@phei.com.cn。

在与客户沟通活动策划需求时，你是否曾因为没有"爆点"而被婉拒？为了举办好一场活动，你是否曾因为活动场地而挠头？当活动现场出现突发事件时，你是否曾束手无策？面对传统企业遇到的瓶颈与困难，你是否曾感到无助？现在，这一系列问题都有了解决方法。

本书将从活动前期筹备、活动实操步骤、活动主题、活动流程、活动地点的选择、活动备选方案、活动策划原则等方面帮助你认清企业现状，做好活动策划，搞清各行业、各类型活动策划的重点与细节，让你从活动策划小白迅速成长为活动策划高手。

现在，新媒体时代已然来临，是不是也曾有客户问过你："你们如何在活动中融入互联网+？"在工作中，是不是总被老板抱怨传统活动没新意，想与线上活动相结合？不懂新媒体和互联网的你，是不是感觉活动策划越来越难，工作越来越没动力？

不用着急，笔者结合海量实操经验，深度分析现代活动策划中会遇到的问题，帮助你迅速了解新媒体和线上活动，策划出迎合时代发展潮流的 O2O 活动，让你成为新媒体时代必不可少的活动策划高手。

本书特色

（1）共鸣感强。本书内容全部依托实操经验，总结分析操作痛点，代入感强，能够解决实际问题。

（2）实操性强。本书所有案例皆源自一线工作实操，逐个分析讲解，让阅读者能够还原于工作中，拿来就用。

（3）与时俱进。新媒体时代已经来临，原有活动策划方案已经无法满足现代

企业的需求。无论是线上活动还是线下活动,都势必面临改革与融合。本书依托实操经验,解决你遇到的棘手问题,让你在工作中游刃有余。

(4)通俗易懂。本书运用浅显易懂的语言阐述专业营销策划奥义,帮助你快速从活动策划小白变成活动策划高手。

本书内容及体系结构

第1章:如何做好活动策划前的筹备工作

本章着重讲解活动策划前的筹备工作,帮助你明确策划活动的原因,迅速了解企业现状,梳理企业现有资源,制定活动预算,学会人员调度,确定活动载体,做好活动排期等,进而为后续的活动策划与执行做好充分准备。

第2章:活动策划的步骤

本章着重讲解活动的调研、活动目标的确立、活动方案的撰写、活动成本的预算、活动复盘等关键环节,旨在教会职场新人活动实操的步骤,让每个人都能快速发起活动、厘清活动步骤。

第3章:如何确定活动主题

在策划活动时,很多人会纠结活动主题该如何确定,总感觉主题没有创意,尤其在企业年内已经做了多个活动的情况下,又会陷入思维枯竭的尴尬境地。那么,你知道活动主题到底该如何确定吗?笔者根据过往实操经验,总结了13种确定活动主题的思路与方法,帮助你轻松打破思维壁垒,想出中意的活动主题。

第4章:如何安排活动流程

紧凑的活动流程是一个活动成功举办的关键。在本章,笔者凭借多年实操经验,总结了一套活动流程的敲定方法,告诉你活动各模块时长、活动内容等如何安排,帮助你做好活动推演,使活动内容安排得更加合理。

第5章:如何选择活动地点

活动地点的选择,有时候也会决定一个活动能否成功举行。在本章,笔者主要告诉你活动地点该如何选择,教给你根据活动类型选择合适的活动地点,使整个活动达到事半功倍的效果。

第6章：活动中增加参与者逗留时长的方法

企业在发布活动时经常会遇到"参与者众多，但逗留时间不长"的尴尬，从而导致企业的整个活动都在向参与者反复介绍企业与品牌，无法与参与者产生情感交流和进行逼单。在本章，笔者就来教你活动中增加参与者逗留时长的方法，进而提高活动的成交率。

第7章：如何确定活动备选方案

在活动开展的过程中，往往会发生各种意外和突发事件，那么当这些情况出现的时候，你知道该如何解决吗？本章从时间、场地、安保、人员、物料、后勤、责任规避等方面来为你详细讲解，告诉你设置应激计划的必要性，以及该如何针对上述细节设置应激计划。

第8章：活动策划的原则

如果想让一个活动成功举办，就要遵循一定的原则。在本章，笔者根据海量实操经验，为你总结了举办活动时所必须遵守的一些原则，帮助你策划出可以落地、便于执行、切实具备营销力的活动。

第9章：如何策划不同类型的活动

就像世界上永远无法找到完全相同的两片叶子一样，不同类型的活动也有着不同的侧重点。在本章，笔者根据不同的活动类型，为你详细讲解它们的侧重点，帮助你迅速了解不同活动类型所对应的侧重点，使你在活动策划中游刃有余。

第10章：如何策划不同行业的活动

活动并非千篇一律，不同行业的活动，策划的方式不尽相同。企业的活动策划人员该如何策划出符合自己行业特点的活动呢？在策划本行业活动时又该注意哪些问题呢？在本章，笔者根据多年的实操经验，为你针对不同行业总结了不同的活动侧重点，帮助你快速熟悉本行业的活动策划方法，以策划出具备行业特色的活动。

第 11 章：传统企业如何通过发起活动进行自救

如今商海危机四伏，当企业陷入危机、面临各种诋毁和排挤时，你知道该如何处理吗？在本章，笔者根据多年的实操经验，教给你传统企业该如何通过发起活动进行自救。

第 12 章：传统企业开展 O2O 活动时如何突出优势

随着时代的发展，O2O 活动正被广泛应用。那么，传统企业在开展 O2O 活动时该如何突出优势，刺激参与者到店体验呢？本章从传统店铺的服务、环境卫生、文化氛围等方面进行详细总结，帮助你了解并利用自身优势，赢在 O2O 时代。

第 13 章：哪些线上活动可以与线下活动相结合

在新媒体时代，企业离不开互联网。就传统企业而言，学会线上活动与线下活动相结合就显得尤为重要了。那么，到底有哪些线上活动可以与线下活动相结合，进而使大众眼前一亮呢？本章教给你几个活动技巧，帮助你快速融入现代市场。

第 14 章：传统企业开展 O2O 活动时应注意的问题

当传统企业开始试水 O2O 活动时，难免会出现或这样或那样的问题。当问题来临时，企业又该如何应对呢？在本章，笔者根据多年的实操经验，从代运营公司选择、客服人员培训、突发事件处理等方面来为你进行详细讲解。

第 15 章：举办活动时应注意的其他问题

众所周知，良好的体验是参与者能够长时间在活动现场逗留的关键。就算企业在活动开始之前进行了精心的策划和布置，也难免会出现纰漏。本章针对登记参与人员信息、设置茶水区域、选取小礼品等方面为你详解举办活动时应注意的其他问题，让你的活动圆满举办。

目 录

第 1 章 如何做好活动策划前的筹备工作 1

1.1 明确策划活动的原因 2
- 1.1.1 策划活动的原因 2
- 1.1.2 利用表格解析策划活动的原因 3
- 1.1.3 案例：以软装公司为例解析策划活动的原因 4

1.2 针对企业运营现状进行分析 4
- 1.2.1 如何针对企业运营现状进行分析 4
- 1.2.2 图解企业运营现状 5
- 1.2.3 案例：以熟食店为例解析如何进行企业运营现状分析 6

1.3 梳理企业现有资源 7
- 1.3.1 如何梳理企业现有资源 7
- 1.3.2 利用表格解析企业现有资源的梳理 8
- 1.3.3 案例：以 HK 公司为例解析如何进行企业现有资源的梳理 8

1.4 制定活动预算 9
- 1.4.1 如何制定活动预算 9
- 1.4.2 利用公式详解活动预算的制定 10
- 1.4.3 案例：以办公用品公司为例解析如何制定活动预算 10

1.5 抽调活动参与人员 11
- 1.5.1 如何抽调活动参与人员 11
- 1.5.2 抽调活动参与人员时应注意的问题 12
- 1.5.3 案例：以牛奶公司为例解析如何抽调活动参与人员 12

1.6 敲定邀请嘉宾/团队 13

	1.6.1	如何敲定邀请嘉宾/团队	13
	1.6.2	利用表格详解邀请嘉宾/团队的敲定	15
	1.6.3	案例：以酒会为例解析如何敲定邀请嘉宾/团队	15
1.7	选择适宜的活动时间	16
	1.7.1	如何选择适宜的活动时间	16
	1.7.2	选择适宜的活动时间时应注意的问题	16
	1.7.3	案例：以玩具公司为例解析如何选择适宜的活动时间	17
1.8	确定活动载体	18
	1.8.1	如何确定活动载体	18
	1.8.2	确定活动载体应注意的问题	19
	1.8.3	案例：以教育公司为例解析如何确定活动载体	19
1.9	做好活动前的宣传工作	20
	1.9.1	如何做好活动前的宣传工作	20
	1.9.2	做好活动前的宣传工作应注意的问题	21
	1.9.3	案例：以科技公司为例解析如何做好活动前的宣传工作	21
1.10	制定活动排期规划表	22
	1.10.1	如何制定活动排期规划表	22
	1.10.2	制定活动排期规划表应注意的问题	23
	1.10.3	案例：以食品促销活动为例解析如何制定活动排期规划表	24

第 2 章 活动策划的步骤 25

2.1	第一步：进行用户调研及数据搜集	26
	2.1.1 进行用户调研的方法	26
	2.1.2 进行数据搜集的方法	27
2.2	第二步：明确活动目的	28
	2.2.1 如何明确活动目的	28
	2.2.2 案例：以果品公司为例解析如何明确活动目的	30
2.3	第三步：构思活动方案	30

目录

  2.3.1 活动方案的一般结构 30
  2.3.2 构思活动方案时应注意的问题 31
  2.3.3 案例：以饮料促销活动为例解析如何构思活动方案 32
2.4 第四步：推演活动策略，完善活动细节 32
  2.4.1 推演活动策略的方式 32
  2.4.2 完善活动细节的方式 33
2.5 第五步：进行活动成本预算 34
  2.5.1 如何进行活动成本预算 34
  2.5.2 活动成本预算清单 35
  2.5.3 案例：以展会活动为例解析如何进行活动成本预算 35
2.6 第六步：进行活动复盘 36
  2.6.1 活动复盘都复盘什么 36
  2.6.2 进行活动复盘时应注意的问题 37
2.7 第七步：活动结果造势 37
  2.7.1 活动结果造势的方法 37
  2.7.2 进行活动造势时应注意的问题 38

第 3 章 如何确定活动主题 39

3.1 节假日依托法 40
  3.1.1 什么是节假日依托法 40
  3.1.2 节假日依托法的优势 40
  3.1.3 节假日依托法的标题惯用公式 40
  3.1.4 使用节假日依托法应注意的问题 41
  3.1.5 案例：以礼品公司为例解析节假日依托法 41
3.2 自拟节日法 42
  3.2.1 什么是自拟节日法 42
  3.2.2 自拟节日法的优势 42
  3.2.3 自拟节日法的创意思路 43

IX

  3.2.4 使用自拟节日法应注意的问题 43
  3.2.5 案例：以门业公司为例解析自拟节日法 44
3.3 故事编排法 45
  3.3.1 什么是故事编排法 45
  3.3.2 故事编排法的优势 45
  3.3.3 故事编排法的惯用公式 45
  3.3.4 使用故事编排法应注意的问题 46
  3.3.5 案例：以银饰品公司为例解析故事编排法 46
3.4 促销优惠法 47
  3.4.1 什么是促销优惠法 47
  3.4.2 促销优惠法的优势 48
  3.4.3 使用促销优惠法应注意的问题 48
  3.4.4 案例：以服装公司为例解析促销优惠法 49
3.5 公益行动法 49
  3.5.1 什么是公益行动法 49
  3.5.2 公益行动法的优势 50
  3.5.3 使用公益行动法的惯用撰写思路 50
  3.5.4 使用公益行动法应注意的问题 51
  3.5.5 案例：以教育公司为例解析公益行动法 51
3.6 理念灌输法 52
  3.6.1 什么是理念灌输法 52
  3.6.2 理念灌输法的优势 52
  3.6.3 使用理念灌输法的惯用撰写思路 53
  3.6.4 使用理念灌输法应注意的问题 53
  3.6.5 案例：以素食餐厅为例解析理念灌输法 53
3.7 团建竞赛法 54
  3.7.1 什么是团建竞赛法 54
  3.7.2 团建竞赛法的优势 55

目录

  3.7.3 团建竞赛法的主题撰写模板 55
  3.7.4 使用团建竞赛法应注意的问题 55
  3.7.5 案例：以旅游公司为例解析团建竞赛法 56

3.8 开会展览法 56
  3.8.1 什么是开会展览法 57
  3.8.2 开会展览法的优势 57
  3.8.3 开会展览法的主题撰写模板 57
  3.8.4 使用开会展览法应注意的问题 58
  3.8.5 案例：以饺子店为例解析开会展览法 58

3.9 讲座授课法 59
  3.9.1 什么是讲座授课法 59
  3.9.2 讲座授课法的优势 59
  3.9.3 讲座授课法的主题撰写模板 60
  3.9.4 使用讲座授课法应注意的问题 60
  3.9.5 案例：以物业公司为例解析讲座授课法 60

3.10 资源对接法 61
  3.10.1 资源对接法的优势 61
  3.10.2 资源对接法的主题撰写模板 62
  3.10.3 使用资源对接法应注意的问题 62
  3.10.4 案例：以传媒公司为例解析资源对接法 63

3.11 结婚接吻法 63
  3.11.1 什么是结婚接吻法 64
  3.11.2 结婚接吻法的优势 64
  3.11.3 结婚接吻法的主题撰写模板 64
  3.11.4 使用结婚接吻法应注意的问题 65
  3.11.5 案例：以婚庆公司为例解析结婚接吻法 65

3.12 关爱孩子法 66
  3.12.1 什么是关爱孩子法 66

	3.12.2	关爱孩子法的优势	66
	3.12.3	关爱孩子法的主题撰写思路	66
	3.12.4	使用关爱孩子法应注意的问题	67
	3.12.5	案例：以早教机构为例解析关爱孩子法	68
3.13	兴趣同好法		68
	3.13.1	什么是兴趣同好法	68
	3.13.2	兴趣同好法的优势	69
	3.13.3	兴趣同好法的主题撰写思路	69
	3.13.4	使用兴趣同好法应注意的问题	69
	3.13.5	案例：以书店为例解析兴趣同好法	70

第4章　如何安排活动流程 ... 72

4.1　根据活动时间确定活动模块时长 ... 73
- 4.1.1　活动模块时长的分解 ... 73
- 4.1.2　图解活动模块时长的确定 ... 74
- 4.1.3　案例：以奶业公司为例解析如何确定活动模块时长 ... 75

4.2　根据活动目的确定活动内容 ... 76
- 4.2.1　不同活动目的对应的活动内容 ... 76
- 4.2.2　确定活动内容时应注意的问题 ... 77
- 4.2.3　案例：以卤制品公司为例解析如何确定活动内容 ... 77

4.3　根据企业现状确定宣传方向 ... 78
- 4.3.1　如何确定企业的宣传方向 ... 78
- 4.3.2　确定企业的宣传方向时应注意的问题 ... 79
- 4.3.3　案例：以体育用品公司为例解析如何确定企业的宣传方向 ... 79

4.4　根据媒介资源确定活动样式 ... 80
- 4.4.1　企业现有媒介资源能够确定活动样式的原因 ... 80
- 4.4.2　企业该如何根据现有媒介资源确定活动样式 ... 81
- 4.4.3　案例：以食品公司为例解析如何确定活动样式 ... 81

目录

- 4.5 根据嘉宾及团体情况设定致辞环节 82
  - 4.5.1 致辞环节的设定规则 82
  - 4.5.2 设定致辞环节时应注意的问题 83
  - 4.5.3 案例：以业内交流会为例解析如何设定致辞环节 83
- 4.6 通过模拟推演更改活动内容 84
  - 4.6.1 模拟推演的优势 84
  - 4.6.2 模拟推演时应注意的问题 85
- 4.7 注意活动内容的主次穿插 85
  - 4.7.1 如何使活动内容主次分明 86
  - 4.7.2 使活动亮点突出的技巧 86
  - 4.7.3 案例：以老客户维系活动为例解析如何进行活动内容的主次穿插 ... 86

第 5 章　如何选择活动地点 88

- 5.1 促销类活动地点的选择 89
  - 5.1.1 举办促销类活动的常见地点 89
  - 5.1.2 为促销类活动选择活动地点时应注意的问题 89
  - 5.1.3 案例：以果品促销活动为例解析如何选择促销类活动地点 90
- 5.2 会展展览类活动地点的选择 91
  - 5.2.1 举办会展展览类活动的常见地点 91
  - 5.2.2 为会展展览类活动选择活动地点时应注意的问题 91
  - 5.2.3 案例：以书画展为例解析如何选择会展展览类活动地点 92
- 5.3 分享讲座类活动地点的选择 93
  - 5.3.1 举办分享讲座类活动的常见地点 93
  - 5.3.2 为分享讲座类活动选择活动地点时应注意的问题 93
  - 5.3.3 案例：以心理健康讲座为例解析如何选择分享讲座类活动地点 94
- 5.4 团建竞赛类活动地点的选择 94
  - 5.4.1 举办团建竞赛类活动的常见地点 94
  - 5.4.2 为团建竞赛类活动选择活动地点时应注意的问题 95

XIII

5.4.3 案例：以某运输公司的团建活动为例解析如何选择团建竞赛类活动地点 96

5.5 儿童成长类活动地点的选择 96
　　5.5.1 举办儿童成长类活动的常见地点 97
　　5.5.2 为儿童成长类活动选择活动地点时应注意的问题 97
　　5.5.3 案例：以婴儿奶粉公司的推广活动为例解析如何选择儿童成长类活动地点 98

5.6 宴会晚会类活动地点的选择 99
　　5.6.1 举办宴会晚会类活动的常见地点 99
　　5.6.2 为宴会晚会类活动选择活动地点时应注意的问题 99
　　5.6.3 案例：以老客户维系宴会为例解析如何选择宴会晚会类活动地点 100

5.7 品牌推广类活动地点的选择 100
　　5.7.1 举办品牌推广类活动的常见地点 101
　　5.7.2 为品牌推广类活动选择活动地点时应注意的问题 101
　　5.7.3 案例：以服饰店的推广活动为例解析如何选择品牌推广类活动地点 101

5.8 公益关爱类活动地点的选择 102
　　5.8.1 举办公益关爱类活动的常见地点 102
　　5.8.2 为公益关爱类活动选择活动地点时应注意的问题 103
　　5.8.3 案例：以送书活动为例解析如何选择公益关爱类活动地点 103

5.9 根据目标受众选择活动地点 104
　　5.9.1 常见的目标受众与活动地点匹配表 104
　　5.9.2 根据目标受众选择活动地点时应注意的问题 105
　　5.9.3 案例：以饮料促销活动为例解析如何根据目标受众选择活动地点 105

目录

第6章 活动中增加参与者逗留时长的方法 107

6.1 小服务堆砌 108
- 6.1.1 可以增加参与者逗留时长的小服务种类 108
- 6.1.2 通过小服务堆砌增加参与者逗留时长时应注意的问题 109
- 6.1.3 案例：以汽车博览会为例解析如何进行小服务堆砌 109

6.2 大师炫技 110
- 6.2.1 可以增加参与者逗留时长的大师炫技的方法 110
- 6.2.2 通过大师炫技增加参与者逗留时长时应注意的问题 110
- 6.2.3 案例：以方便面促销路演为例解析如何使用大师炫技的方法 111

6.3 不断抽奖 111
- 6.3.1 如何设定抽奖环节 111
- 6.3.2 设定抽奖环节时应注意的问题 112
- 6.3.3 案例：以楼盘促销活动为例解析如何设定抽奖环节 112

6.4 名人讲堂 113
- 6.4.1 如何应用名人讲堂法 113
- 6.4.2 使用名人讲堂法增加参与者逗留时长时应注意的问题 114
- 6.4.3 案例：以婴儿游泳馆的讲座活动为例解析如何使用名人讲堂法 114

6.5 搞定孩子 115
- 6.5.1 在活动中搞定孩子的方法 115
- 6.5.2 使用搞定孩子法增加参与者逗留时长时应注意的问题 116
- 6.5.3 案例：以家电促销活动为例解析如何使用搞定孩子法 116

6.6 提供水和食物 117
- 6.6.1 如何为参与者提供水和食物 117
- 6.6.2 在为参与者提供水和食物时应注意的问题 117

6.7 比赛竞技 118
- 6.7.1 在活动中如何使用比赛竞技法 118
- 6.7.2 使用比赛竞技法时应注意的问题 119
- 6.7.3 案例：以乐器公司的活动为例解析如何使用比赛竞技法 119

XV

6.8 歌舞表演 120
6.8.1 如何利用歌舞表演增加参与者逗留时长 120
6.8.2 利用歌舞表演增加参与者逗留时长时应注意的问题 121
6.8.3 案例：以促销活动为例解析如何使用歌舞表演法 121

6.9 限时优惠 122
6.9.1 如何使用限时优惠法增加参与者逗留时长 122
6.9.2 使用限时优惠法时应注意的问题 122
6.9.3 案例：以宠物用品商店为例解析如何使用限时优惠法 123

6.10 过节庆生 123
6.10.1 如何使用过节庆生法 124
6.10.2 使用过节庆生法时应注意的问题 124

第 7 章 如何确定活动备选方案 125

7.1 做好时间应激 126
7.1.1 如何做好时间应激 126
7.1.2 做时间应激时应注意的问题 126
7.1.3 案例：以酒会为例解析做好时间应激的必要性 127

7.2 做好场地应激 128
7.2.1 如何做好场地应激 128
7.2.2 做场地应激时应注意的问题 128
7.2.3 案例：以奶制品促销为例解析如何做好场地应激 129

7.3 做好安保应激 129
7.3.1 如何做好安保应激 129
7.3.2 做安保应激时应注意的问题 130

7.4 做好人员应激 131
7.4.1 如何做好人员应激 131
7.4.2 做人员应激时应注意的问题 132

7.5 做好物料应激 132

目录

  7.5.1 如何做好物料应激 132
  7.5.2 做物料应激时应注意的问题 133
  7.5.3 案例：以图书签售会为例解析如何做好物料应激 133
 7.6 做好后勤应激 134
  7.6.1 如何做好后勤应激 134
  7.6.2 做后勤应激时应注意的问题 134
 7.7 做好责任规避 135
  7.7.1 大型活动需要办理的保险种类 135
  7.7.2 做责任规避时应注意的问题 136

第 8 章 活动策划的原则 137

 8.1 便于创意落地 138
  8.1.1 使创意落地的方法 138
  8.1.2 使创意落地时应注意的问题 138
 8.2 植入创意 139
  8.2.1 如何在活动中植入创意 139
  8.2.2 在活动中植入创意时应注意的问题 140
 8.3 确保活动内容吻合主题 141
  8.3.1 确保活动内容吻合主题的小技巧 141
  8.3.2 确保活动内容吻合主题时应注意的问题 141
 8.4 刺激大众踊跃参与 142
  8.4.1 刺激大众踊跃参与的方法 142
  8.4.2 刺激大众踊跃参与时应注意的问题 143
 8.5 实现转化 143
  8.5.1 如何在活动中实现转化 143
  8.5.2 实现转化时应注意的问题 144
 8.6 产生轰动效应 145
  8.6.1 使活动产生轰动效应的方法 145

XVII

- 8.6.2 使活动产生轰动效应时应注意的问题 146
- 8.7 迅速处理危机 147
  - 8.7.1 如何做到迅速处理危机 147
  - 8.7.2 迅速处理危机时应注意的问题 147
- 8.8 满足舒适需求 148
  - 8.8.1 如何满足参与者的舒适需求 148
  - 8.8.2 满足参与者的舒适需求时应注意的问题 149
- 8.9 确保活动现场安全 150
  - 8.9.1 如何确保活动现场安全 150
  - 8.9.2 确保活动现场安全时应注意的问题 151
- 8.10 搜集有效信息 151
  - 8.10.1 如何做好有效信息的搜集 151
  - 8.10.2 搜集有效信息时应注意的问题 152

第 9 章 如何策划不同类型的活动 154

- 9.1 如何策划公关活动 155
  - 9.1.1 策划公关活动的核心 155
  - 9.1.2 策划公关活动时应注意的问题 155
  - 9.1.3 案例：以 N 公司的公关活动为例详解如何策划公关活动 156
- 9.2 如何策划大学生活动 156
  - 9.2.1 策划大学生活动的核心 157
  - 9.2.2 策划大学生活动时应注意的问题 157
  - 9.2.3 案例：以 W 服饰公司的校园推广活动为例详解如何策划大学生活动 158
- 9.3 如何策划会展展览类活动 158
  - 9.3.1 策划会展展览类活动的核心 159
  - 9.3.2 策划会展展览类活动时应注意的问题 159
  - 9.3.3 案例：以 Y 公司的展会为例详解如何策划会展展览类活动 159

目录

9.4 如何策划促销类活动 160
- 9.4.1 促销活动的种类 160
- 9.4.2 策划促销类活动的核心 161
- 9.4.3 策划促销类活动时应注意的问题 161
- 9.4.4 案例：以奶昔促销为例详解如何策划促销类活动 162

9.5 如何策划分享讲座类活动 162
- 9.5.1 策划分享讲座类活动的核心 162
- 9.5.2 策划分享讲座类活动时应注意的问题 163

9.6 如何策划团建竞赛类活动 163
- 9.6.1 策划团建竞赛类活动的核心 164
- 9.6.2 策划团建竞赛类活动时应注意的问题 164
- 9.6.3 案例：以商场的活动为例解析如何策划团建竞赛类活动 ... 164

9.7 如何策划儿童成长类活动 165
- 9.7.1 策划儿童成长类活动的核心 165
- 9.7.2 策划儿童成长类活动时应注意的问题 166
- 9.7.3 案例：以儿童图书推广活动为例详解如何策划儿童成长类活动 166

9.8 如何策划公益关爱类活动 167
- 9.8.1 策划公益关爱类活动的核心 167
- 9.8.2 策划公益关爱类活动时应注意的问题 168
- 9.8.3 案例：以助学活动为例详解如何策划公益关爱类活动 ... 168

9.9 如何策划兴趣同好类活动 169
- 9.9.1 策划兴趣同好类活动的核心 169
- 9.9.2 策划兴趣同好类活动时应注意的问题 170
- 9.9.3 案例：以朗诵活动为例详解如何策划兴趣同好类活动 ... 170

9.10 如何策划旅行类活动 171
- 9.10.1 策划旅行类活动的核心 171
- 9.10.2 策划旅行类活动时应注意的问题 172
- 9.10.3 案例：以郊游活动为例详解如何策划旅行类活动 172

第 10 章　如何策划不同行业的活动 173

10.1　策划互联网行业的活动 174
10.1.1　如何策划互联网行业的活动 174
10.1.2　策划互联网行业的活动时应注意的问题 175
10.1.3　案例：以传媒公司为例详解如何策划互联网行业的活动 175

10.2　策划教育行业的活动 176
10.2.1　如何策划教育行业的活动 176
10.2.2　策划教育行业的活动时应注意的问题 178
10.2.3　案例：以英语培训机构为例详解如何策划教育行业的活动 178

10.3　策划餐饮服务行业的活动 179
10.3.1　如何策划餐饮服务行业的活动 179
10.3.2　策划餐饮服务行业的活动时应注意的问题 180
10.3.3　案例：以串店为例详解如何策划餐饮服务行业的活动 181

10.4　策划旅游行业的活动 182
10.4.1　如何策划旅游行业的活动 182
10.4.2　策划旅游行业的活动时应注意的问题 183
10.4.3　案例：以 F 旅行社为例详解如何策划旅游行业的活动 183

10.5　策划医疗健康行业的活动 184
10.5.1　如何策划医疗健康行业的活动 184
10.5.2　策划医疗健康行业的活动时应注意的问题 185
10.5.3　案例：以 D 眼科诊所为例详解如何策划医疗健康行业的活动 185

10.6　策划文化影视行业的活动 186
10.6.1　如何策划文化影视行业的活动 186
10.6.2　策划文化影视行业的活动时应注意的问题 187

10.7　策划自有产品企业的活动 188
10.7.1　如何策划自有产品企业的活动 188
10.7.2　策划自有产品企业的活动时应注意的问题 189
10.7.3　案例：以罐头厂为例详解如何策划自有产品企业的活动 189

第 11 章　传统企业如何通过发起活动进行自救 190

11.1　企业卷入价格战 191
- 11.1.1　企业卷入价格战时该如何做 191
- 11.1.2　企业卷入价格战时该发起何种活动 192
- 11.1.3　案例：以服饰公司为例详解企业卷入价格战时该如何发起活动 192

11.2　企业遭遇渠道抢夺 193
- 11.2.1　企业遭遇渠道抢夺时该如何做 193
- 11.2.2　企业遭遇渠道抢夺时该发起何种活动 194

11.3　企业发现产品同质化严重 195
- 11.3.1　企业发现产品同质化严重时该如何做 195
- 11.3.2　企业发现产品同质化严重时该策划何种活动 196
- 11.3.3　案例：以 U 盘促销活动为例详解企业发现产品同质化严重时该如何策划活动 196

11.4　企业遭遇信任危机 197
- 11.4.1　企业遭遇信任危机时该如何做 197
- 11.4.2　企业遭遇信任危机时该策划何种活动 198
- 11.4.3　案例：以有毒物危机为例详解企业遭遇信任危机时该如何策划活动 198

11.5　企业被电商企业冲击 199
- 11.5.1　企业被电商企业冲击时该如何做 199
- 11.5.2　企业被电商企业冲击时该发起何种活动 199

11.6　企业预算少 200
- 11.6.1　企业预算少时该如何做 200
- 11.6.2　企业预算少时该发起何种活动 201
- 11.6.3　案例：以矿泉水公司为例详解企业预算少时该如何发起活动 201

11.7　企业想要吸纳经销商却没有信任基础 202
- 11.7.1　企业想要吸纳经销商却没有信任基础时该如何做 202
- 11.7.2　企业想要吸纳经销商却没有信任基础时该发起何种活动 203

XXI

11.7.3　案例：以烤串店为例详解企业想要吸纳经销商却没有信任基础时该如何发起活动 203

第 12 章　传统企业开展 O2O 活动时如何突出优势 205

12.1　突出现场模拟的重要性 206
12.1.1　如何突出现场模拟的重要性 206
12.1.2　哪些企业适合突出现场模拟的重要性 206
12.1.3　突出现场模拟的重要性时应注意的问题 207
12.1.4　案例：以咖啡店为例详解如何突出现场模拟的重要性 207

12.2　突出可反悔性 208
12.2.1　如何突出可反悔性 208
12.2.2　突出可反悔性时应注意的问题 209

12.3　突出归属感和温馨感 209
12.3.1　如何突出归属感和温馨感 209
12.3.2　突出归属感和温馨感时应注意的问题 210
12.3.3　案例：以电脑配件店为例详解如何突出归属感和温馨感 210

12.4　突出文化与层次感 211
12.4.1　如何突出文化与层次感 211
12.4.2　突出文化与层次感时应注意的问题 212
12.4.3　案例：以餐厅为例详解如何突出文化与层次感 212

12.5　突出定制特殊性 213
12.5.1　如何突出定制特殊性 213
12.5.2　突出定制特殊性时应注意的问题 213
12.5.3　案例：以床业制造公司为例详解如何突出定制特殊性 214

12.6　突出服务品质 215
12.6.1　如何突出服务品质 215
12.6.2　突出服务品质时应注意的问题 215

12.7　突出靠谱性 216

- 12.7.1 如何突出靠谱性 ... 216
- 12.7.2 突出靠谱性时应注意的问题 ... 216

第13章 哪些线上活动可以与线下活动相结合 ... 218

- 13.1 线上线下同时抽奖 ... 219
  - 13.1.1 如何发起线上线下同时抽奖活动 ... 219
  - 13.1.2 活动中应注意的问题 ... 219
- 13.2 线上游戏线下兑奖 ... 220
  - 13.2.1 线上游戏线下兑奖的形式 ... 220
  - 13.2.2 执行过程中应注意的问题 ... 221
- 13.3 留言上墙 ... 221
  - 13.3.1 留言上墙如何操作 ... 221
  - 13.3.2 执行过程中应注意的问题 ... 222
- 13.4 晒状态写好评 ... 222
  - 13.4.1 晒状态写好评活动如何操作 ... 222
  - 13.4.2 执行过程中应注意的问题 ... 223
- 13.5 关注即享免费 Wi-Fi ... 224
  - 13.5.1 关注即享免费 Wi-Fi 如何操作 ... 224
  - 13.5.2 执行过程中应注意的问题 ... 224
- 13.6 资料大礼包推送 ... 225
  - 13.6.1 资料大礼包推送如何操作 ... 225
  - 13.6.2 执行过程中应注意的问题 ... 226
- 13.7 线下客户线上维护 ... 226
  - 13.7.1 线下客户线上维护如何操作 ... 227
  - 13.7.2 执行过程中应注意的问题 ... 227
- 13.8 攒积分得优惠 ... 228
  - 13.8.1 攒积分得优惠如何操作 ... 228
  - 13.8.2 执行过程中应注意的问题 ... 229

第 14 章　传统企业开展 O2O 活动时应注意的问题 230

14.1　选择靠谱的代运营公司 231
14.1.1　如何分辨靠谱的代运营公司 231
14.1.2　选择靠谱的代运营公司时应注意的细节 232

14.2　做好活动组件的测试 233
14.2.1　如何做好活动组件的测试 233
14.2.2　做活动组件测试时应注意的问题 233

14.3　对客服人员进行培训 234
14.3.1　传统企业如何对客服人员进行培训 234
14.3.2　对客服人员进行培训时应注意的问题 234

14.4　做好对店内人员的告知与培训 235
14.4.1　对店内人员进行哪方面的告知 235
14.4.2　对店内人员进行告知与培训时应注意的问题 236

14.5　兑奖方式明晰 236
14.5.1　使兑奖方式明晰的方法 236
14.5.2　执行过程中应注意的问题 237

14.6　实体店相关信息的告知 237
14.6.1　活动中应告知参与者实体店的哪些信息 238
14.6.2　执行时应注意的问题 238

14.7　不要隐藏二次消费 239
14.7.1　哪些属于二次消费 239
14.7.2　执行时应注意的问题 240

14.8　注意客户的留存率 240
14.8.1　如何在活动中找出客户 240
14.8.2　留住客户时应注意的问题 241

14.9　突发事件的处理 241
14.9.1　如何处理突发事件 242
14.9.2　处理突发事件时应注意的问题 242

目录

14.10 进行二次营销 ... 243
- 14.10.1 进行二次营销的方式 ... 243
- 14.10.2 进行二次营销时应注意的问题 ... 244

第15章 举办活动时应注意的其他问题 ... 245

15.1 将服务人员和参与人员区分开 ... 246
- 15.1.1 如何将服务人员和参与人员区分开 ... 246
- 15.1.2 将服务人员和参与人员区分开时应注意的问题 ... 246

15.2 做好参与人员的信息登记 ... 247
- 15.2.1 如何做好参与人员的信息登记 ... 247
- 15.2.2 进行参与人员信息登记时应注意的问题 ... 247

15.3 设置茶水区域 ... 248
- 15.3.1 如何设置茶水区域 ... 248
- 15.3.2 设置茶水区域时应注意的问题 ... 249

15.4 为突发事件预留绿色通道 ... 250
- 15.4.1 如何为突发事件预留绿色通道 ... 250
- 15.4.2 为突发事件预留绿色通道时应注意的问题 ... 250

15.5 选取小礼品 ... 251
- 15.5.1 如何选取小礼品 ... 251
- 15.5.2 选取小礼品时应注意的问题 ... 251

15.6 为服务人员设置休息区 ... 252
- 15.6.1 如何为服务人员设置休息区 ... 252
- 15.6.2 为服务人员设置休息区时应注意的问题 ... 253

后记 ... 254

第 1 章

如何做好活动策划前的筹备工作

提到活动策划，很多人都能说得头头是道。但如果被问到在进行活动策划之前应该做些什么，可能有 80% 的人会一头雾水。本章，笔者就来教大家如何进行活动策划前的筹备工作，从而做好充足准备，规避活动策划与开展过程中可能出现的问题。

1.1 明确策划活动的原因

在策划活动之前，我们要先搞明白为什么要策划这次活动。可能有些人会说，策划活动就是为了促销和推广产品。如果这么想，那就大错特错了。

策划活动的原因很多，如果我们在策划活动之前没有明确具体的原因，就会直接导致活动目的出现偏颇，进而使活动无法达到预期效果。下面笔者就来和大家进行详细探讨。

1.1.1 策划活动的原因

策划活动的原因如下。

（1）**内部培训**。这样的活动在大型企业里很常见，当有新产品上市时，为了使宣传效果达到最佳，在投入市场之前需要企业内部人员率先对产品进行了解，所以需要通过活动的形式向内部员工讲解产品，增强其对产品的认知。当然，企业若有某种精神需要贯彻，也会发起活动。

（2）**团队建设**。这样的活动在企业中很常见，目的只有一个：使员工之间互相了解，方便日后的跨部门合作，提高员工之间的默契度，比如员工生日活动、年会等。

（3）**合作伙伴维系**。这种活动一般是企业在年中或年终，为了维系与合作伙伴的关系、增进情感而发起的，一般以舞会、酒会为主。

（4）**公益行动**。这样的活动一般是企业为了树立正面形象而发起的，是企业承担社会责任的一种形式，也是企业向社会各界彰显影响力、树立知名度的一种手段。

（5）**新品推广**。这样的活动一般是针对促销而言的，即当企业想要将新产品推入市场时所做的活动，主要围绕新上市的产品来做活动。

（6）**节日促销**。这样的活动很常见，凡是在元旦、春节、劳动节、端午节、国庆节等节假日，企业都会进行促销活动。

第1章　如何做好活动策划前的筹备工作

（7）**特惠促销**。这样的活动一般是在企业想要将福利/特惠回馈给新老客户时发起的，主要通过活动告知新老客户企业现在的优惠政策，吸引新老客户进行购买。

（8）**促销节点来临**。这样的活动一般在大型企业比较常见。每个企业都会在年初或年终制定整个年度的促销节点。那么，每到一个促销节点结束的前一周，企业就会集中精力发起活动，在短期内促成大量订单，争取完成这个促销节点的销售任务。

（9）**资源互换**。这样的活动一般都是企业为了谋求一些外部资源而发起的，是为了找到企业想要的资源，以互通有无。

（10）**公关危机处理**。这样的活动一般都是围绕企业现有危机而发起的，是为了化解大众对企业的误会，进而重新树立企业的社会形象。

（11）**任务型活动**。这种活动最为常见。假如企业长期没有发起过任何活动，企业管理层就会规定策划人员必须定时发起活动，那么这类活动就是为了完成任务而发起的。

当然，企业策划活动的原因不止前述几种，策划人员需要结合企业自身情况来进行决策。本节只是针对企业发起活动的常见原因进行简单汇总，仅供参考，切不可一味地照本宣科。

1.1.2　利用表格解析策划活动的原因

鉴于有些读者可能分不清企业内部活动和企业外部活动，下面笔者总结了一个表格，供大家在日后的工作当中参考使用。

内 部 活 动	外 部 活 动
内部培训（新品认知、精神贯彻等）	公益行动
	新品推广
	节日促销
	特惠促销
团队建设（员工生日活动、年会等）	促销节点来临
	资源互换

续表

内 部 活 动	外 部 活 动
合作伙伴维系	公关危机处理
	任务型活动

1.1.3　案例：以软装公司为例解析策划活动的原因

王经理经营着一家软装公司，细心的人力资源部门人员发现，9月份公司有5名外地员工要过生日，认为这是一次增强员工归属感的好机会。于是，他责成人力资源部门在9月份组织一次内部活动，为过生日的员工庆生。那么，你知道策划这次活动的原因是什么吗？

根据上面案例的背景资料可知，王经理公司的人力资源部门人员发现9月份公司有5名员工要过生日，认为这是一次增强员工归属感的好机会。因此，发起这次活动的原因是5名员工在9月份过生日，这次活动属于团队建设的范畴。

> **Tips**：明确策划活动的原因，是成功发起活动的基础。只有明确了为什么要发起活动，才能使得活动目的不至于出现偏颇，进而通过活动达成想要的结果。本节给出的企业策划活动的几个常见原因，仅供大家在日后的工作中参考使用。当然，企业策划活动的原因有时也不止一个，这就需要大家在工作中进行摸索。

1.2　针对企业运营现状进行分析

在明确了策划活动的原因后，我们需要对企业的运营现状进行分析。

1.2.1　如何针对企业运营现状进行分析

一般情况下，在策划活动之前，我们应该针对企业的以下现状进行分析。

（1）重大时间节点分析。在策划活动之前，我们一定要查看企业的各类时间节点（如营销节点、新客户维系节点、团队建设节点、店庆节点、节假日节点等），看看此时策划活动是否契合了企业的某一时间节点。如果契合了，那么正好可以趁机以节点为由发起活动。除此之外，还要看此时发起活动是否与企业的大型惯性事件"撞车"，以免无法集中人力办好活动。

（2）组织架构人员分析。在策划活动之前，我们还要看组织架构中的人员安排是否合理、各部门人员的工作任务有多少，从而能够挑选出相对比较轻松的人员/部门来专门举办这次活动。

（3）企业营收现状分析。只做好重大时间节点分析与组织架构人员分析还不够，我们在策划活动之前还要针对企业营收现状进行分析。这样就可以根据可抽调的资金量来进行活动策划，从而避免活动执行到一半却发现资金不足的尴尬情况的出现。

（4）产品营销情况分析。因为策划活动的最终目的是营销，所以我们必须针对产品的营销现状进行分析，从而得出当下企业哪款产品卖得比较好，哪款产品卖得比较差。这样，企业就可以有侧重地针对滞销产品进行促销，进而促使客户购买，清理库存。

（5）既往活动情况分析。作为一个具有一定规模的企业，发起活动时最尴尬的就是这次活动与既往活动类似。因此，在策划活动之前，我们还需要针对企业这一年度的既往活动情况进行分析，避免活动创意"撞车"的现象，从而策划出更具吸引力的活动。

1.2.2 图解企业运营现状

笔者总结了下面这张企业运营现状分析对照图，供大家在日后工作中参考使用。

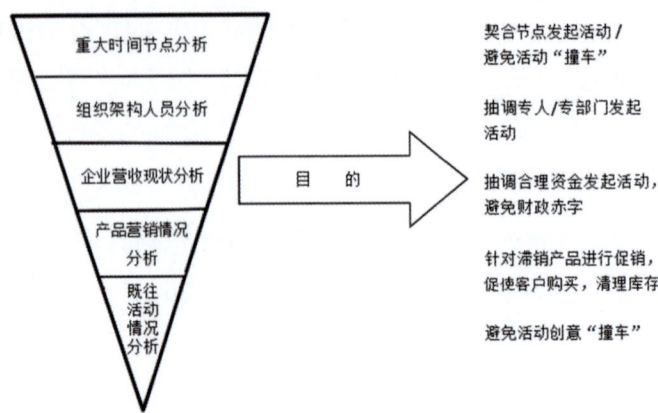

由上面的对照图可以看出，企业在策划活动之前需要针对企业的重大时间节点、组织架构人员、企业营收现状、产品营销情况、既往活动情况等现状进行分析，从而达到契合节点、集中人力、避免公司财政赤字、清理库存、避免活动创意"撞车"等目的，进而使企业实现更理想的活动效果。

1.2.3 案例：以熟食店为例解析如何进行企业运营现状分析

方经理经营着一家熟食店，之前一直没有做过活动。现在，他发现店内的熏酱鸭出现了滞销情况，于是他想通过发起一次促销活动来促进熏酱鸭的销售。但是，店里一共就6个人，每月也仅有10 000元的利润，这让方经理非常头疼，不知道该如何发起活动。如果你是方经理，你会如何发起活动呢？

上面的案例套用1.2.2节所给出的对照图可知，方经理的企业面临如下现状。

- 重大时间节点分析：熟食店尚未发起过任何活动。
- 组织架构人员分析：一共有6个人。
- 企业营收现状分析：每月有10 000元的利润。
- 产品营销情况分析：熏酱鸭滞销。
- 既往活动情况分析：尚未发起过活动。

接下来我们需要思考的是，方经理的熟食店日常运营需要多少个人？答案很简单：一共需要3个人（1名收银员、1名服务人员、1名货物管理员）。那么，方经理就可以抽调 3 个人来专门负责本次活动。

由于店内熏酱鸭滞销，因此本次活动需要围绕熏酱鸭这款产品来进行促销。因为店内之前从未发起过活动，所以本次活动可以以降价促销、优惠折扣、满 100 元送熏酱鸭 1 只等形式来进行。另外，活动主题可任选，活动预算可以为 5 000～10 000 元。

> **Tips**：在策划活动之前，针对企业运营现状进行的分析，可以从重大时间节点、组织架构人员、企业营收现状、产品营销情况、既往活动情况五大方面入手，目的是让活动发起人员深度了解企业及产品营销状况，以及组织架构中各方人员的工作量，从而最大限度地调取合适的人力及财力来开展本次活动。

 1.3 梳理企业现有资源

除明确策划活动的原因，以及针对企业运营现状进行分析外，我们在策划活动之前还应该梳理企业现有资源。

1.3.1 如何梳理企业现有资源

在策划活动之前，我们应该梳理企业的哪些现有资源呢？下面就来进行详细阐述。

（1）**梳理物料资源**。在策划活动之前，我们可以去库房查看组织既往活动所剩下的物料（如条幅、彩带、带企业 Logo 的纪念品、文化衫、桌椅板凳等）。这样，既可以进行废物利用，将组织既往活动所剩下的物料处理掉，又可以在一定程度上减少开销，缩减活动成本。

（2）**梳理媒体资源**。好的宣传是活动成功的开始，因此在策划活动之前我们还要对公司现有的媒体资源进行梳理。这样，一方面，能够预估活动效果；另一方面，便于活动相关人员掌握现有资源，选择合适的契机对活动进行宣传。

（3）梳理人力资源。 除梳理物料资源和媒体资源外，在进行活动策划之前，我们还要针对企业的人力资源进行梳理。针对人力资源的梳理，主要是弄清楚策划与执行本次活动的人员总数，以及助力人员都擅长哪些方面。除此之外，还可以建立活动现场突发事件的应急预案，让活动相关人员清楚地知道，除了自己还有哪些人可以随时调配，以及合作企业都能带来哪些好处和帮助，以确保活动的有序进行。

1.3.2　利用表格解析企业现有资源的梳理

下面，笔者把如何梳理企业现有资源的相关内容整理成表格，从而方便大家理解和记忆。

需分析的资源	包含的内容	目　　的
物料资源	条幅、彩带、文化衫、桌椅板凳等（活动现场可用物料）	减少开销，清空既往已购奖品物料及积压产品
	带企业 Logo 的纪念品、可作为奖品的产品（企业赠品物料）	
	既往活动所剩奖品（可作为伴手礼/纪念品的通用礼品物料）	
媒体资源	线上资源（包括广告位、大 V、门户网站等发稿资源）	掌握现有资源，预估活动效果，选择合适契机进行宣传
	线下资源（合作伙伴的出资与支持情况等）	
人力资源	现有活动人员的擅长点分析	深度了解活动团队人员情况，建立应急预案，进行紧急资源调拨，确保活动顺利进行
	企业内部可随时调配的人员情况	
	合作企业的物料及人员支持情况	

在策划活动之前，我们只需按照上方表格，针对企业的现有资源进行逐一梳理，就能够对已有资源有一个初步认知。这样在真正策划活动时才能够做到缩减成本、调用自如，进而确保活动的顺利进行。

1.3.3　案例：以 HK 公司为例解析如何进行企业现有资源的梳理

HK 公司需要策划一个周年庆活动，于是抽调行政部负责此次活动。行政部

第 1 章　如何做好活动策划前的筹备工作

长小王了解到，库房有 20 件文化衫、2 个条幅、10 套桌椅。此外，之前的活动中有 20 个带公司 Logo 的玩偶没有派发出去。而且，总裁许诺可以把乐可这款产品作为赠品派发，上限为 1 000 瓶。Q 媒体和 A 媒体负责全程报道此次活动。此外，可以临时从市场部抽调 10 个人来负责活动的现场服务。如果你是小王，你知道自己已经拥有哪些资源了吗？

根据上面案例的背景资料，套用 1.3.2 节给出的表格可知，小王已经拥有的资源如下。

- 物料资源：20 件文化衫、2 个条幅、10 套桌椅、20 个带公司 Logo 的玩偶、1 000 瓶乐可。
- 媒体资源：Q 媒体和 A 媒体。
- 人力资源：行政部人员和市场部的 10 个人。

Tips： 梳理企业现有资源的目的是让策划人员对已有资源做到心中有数，进而便于他们进行资源调配，选择合适的契机做合适的事情，同时也能够在一定程度上缩减开支、清理库存。但是，这并不代表策划人员只能利用这些资源来进行活动策划。本节所给出的表格仅供参考，如遇具体问题，还应根据实际情况来进行分析。

1.4　制定活动预算

在策划活动之前，我们除要对企业现有资源进行梳理外，还需要制定活动预算。只有明确了活动的整体预算，才能够有侧重地发起活动，从而最大限度地保证活动效果。那么，作为策划人员，我们该如何制定活动预算呢？本节就来为大家详细解答这一问题。

1.4.1　如何制定活动预算

在一般情况下，策划人员需要通过两个渠道得知活动预算：第一，企业每年的预算报备；第二，策划人员自己制定、提报。

（1）企业每年的预算报备。这在大企业中很常见。凡是具有一定规模的企业，都会在年初或年终制定全年的活动预算，事先将一部分钱拿出来，专门用于活动，策划人员只需将这部分钱分配到每次活动中即可。

（2）策划人员自己制定、提报。这一般在小企业中比较常见。每个企业都需要根据一年的营收或拿出几个月的营收来举办活动，以便获取更大的利益。

1.4.2 利用公式详解活动预算的制定

关于活动预算的制定，笔者总结了一个公式如下，供大家在日后的工作中参考使用。

全年活动预算＝全年总收益－全年总成本－全年日常开销－全年意外开销

注意：这里的"全年总收益"为未减去各类成本的企业全年的总体收益；"全年总成本"为企业全年所付出的总体人力成本＋总体物料成本。

除此之外，还有一点需要注意：对意外开销要预留出足够的数额。这样才能在企业遇到突发情况（如意外伤害赔付、危机公关等）时有足够的调拨资金，切不可为了活动效果而缩减意外开销。

1.4.3 案例：以办公用品公司为例解析如何制定活动预算

李经理经营着一家办公用品公司，全年总收益为5 000万元，全年总成本为2 000万元，平均每月给员工发工资需要5万元，每月房屋租赁费、水电费大约需要3万元。现在李经理想要通过发起活动的形式对办公用品进行促销，但不知道活动预算该如何制定。如果你是李经理，你知道该如何制定活动预算吗？

根据上面案例的背景资料可知，李经理的全年总收益为5 000万元，全年总成本为2 000万元，每年工资开销为5万元×12个月＝60万元，每年房屋租赁、水电费大约为3万元×12个月＝36万元。我们套用1.4.2节的公式可以得到下面的数据。

- 全年总收益：5 000万元。

第 1 章　如何做好活动策划前的筹备工作

- 全年总成本：2 000 万元。
- 全年日常开销：60 万元+36 万元＝96 万元。
- 全年意外开销：从剩余的 2 904 万元中留出 2 000 万元作为意外开销。

那么，李经理的全年活动预算为 904 万元。

> **Tips**：在确定全年活动预算时一定要将全年总成本、全年日常开销、全年意外开销都减去，并且留足意外开销的费用，这样才能在确保企业正常运转的前提下策划活动，不至于让企业因为发起活动而陷入被动。

1.5 抽调活动参与人员

提到抽调人员，似乎总会令决策者感到头疼。毕竟，企业每天都有任务要完成，如果抽调走了一部分人，日常工作任务完不成怎么办？但如果不抽调专门的人员来负责活动，那么举办活动的效果就会大打折扣——权责不明，自然也就不会有人对活动上心。企业到底应该怎样确定活动的参与人员呢？本节就针对这一问题进行详细阐述。

1.5.1　如何抽调活动参与人员

从企业内部抽调人员专门负责活动，一定要遵循一个原则，即确保被抽调人员日常工作任务的完成度。只有在企业日常工作任务完成的基础上发起活动，才能真正达到发起活动的目的。

关于如何抽调人员，笔者总结了如下几个方案供大家参考。

(1) **行政部与市场部主导**。企业中最熟悉企业与产品的部门是行政部与市场部，因此，如果发起团队建设、老客户维系等活动，就应该以行政部为主，即多挑一些行政部的人员来组织活动；如果发起促销、新客户拓展类的活动，就应该以市场部为主，即多挑一些市场部的人员来组织活动。这样才能确保活动效果良好。

(2) **抽调各部门的边缘人员**。如果不想大动干戈，那么可以从企业的各部门当中抽调一些边缘人员来负责本次活动，如行政部负责日常文件复印的新人、市场部不太懂产品的新销售人员、技术部工作量不大的员工等。这样不但能够确保活动责任到人，还能够帮助这些边缘人员对企业和产品形成全面的认知，加速他们的职业发展，提高他们的主人翁意识，同时考核他们的职业素养。

(3) **抽调将要晋升的人员**。对于将要晋升的人员来讲，他们的工作能力有目共睹，而且其日后的工作重心与现在所从事的工作关联度不会太大。成功策划活动，正好为这部分人提供了一个表现机会，如果活动成功，也就恰好为这部分人的晋升增加了筹码。

1.5.2 抽调活动参与人员时应注意的问题

抽调活动参与人员时应注意的问题如下。

(1) **新老员工搭配**。抽调出来的活动参与人员中，至少有一人是老员工，从而确保活动与企业的贴合度，不至于造成活动主题与效果出现偏颇。

(2) **技能搭配**。活动参与人员团队中的技能搭配要合理。在一般情况下，擅长统筹调度、结算资金、主持及活跃气氛、处理突发事件、搜集整理数据的应各抽调一人，从而使活动参与人员的技能互补，进而策划出一个非常好的活动。

(3) **责任到人**。在确定好活动的参与人员之后，还要注意责任到人。只有将活动的每个步骤都分配到对应的责任人身上，才能够使所有参与者都有责任感，从而调动大家的积极性。

(4) **直接管辖**。在活动策划与执行小组成立以后，作为企业主，一定要做到直接管辖，这样才能够确保活动效果，否则，会造成活动主旨与企业意愿相违背的尴尬局面，进而使活动效果偏离预想。

1.5.3 案例：以牛奶公司为例解析如何抽调活动参与人员

王经理经营着一家牛奶公司，现在有一款荔枝味的酸奶即将打入市场。他想通过发起活动的形式来为这款产品进行促销，但在抽调活动参与人员上犯了难。

第 1 章　如何做好活动策划前的筹备工作

研发部为了研制新产品忙得不可开交；行政部近期为了团体旅游而忙前忙后；一线的送奶师傅更是每天早出晚归；市场部为了开拓市场，在全国各地走访洽谈，而且要完成新进人员培训的任务。如果你是王经理，会抽调哪些人来发起本次活动呢？

首先，分析上面案例的背景资料可知，王经理需要发起的活动为推广荔枝味酸奶的营销活动。那么试想一下，哪个部门对这款新产品最为熟悉，并且能够向别人介绍得最详细呢？没错，一定是市场部。

其次，根据市场部需要针对新进人员进行培训的现状可以得出，市场部的新进人员目前没有实质性的日常工作任务，并且对产品熟悉度不够。

因此，王经理可以抽调 1 名市场部的老员工与市场部的所有新进员工一起组成这次活动的策划与执行团队。这样不仅能使新进人员为公司创造价值，还能在潜移默化中让新进人员对公司的产品形成一定认知，可谓一举两得。

> Tips：抽调活动参与人员时，首先，一定要确保其可以完成日常工作任务。只有这样，所发起的活动才能够起到辅助销售、锦上添花的作用。否则，会造成企业运营重心偏颇、顾此失彼的尴尬局面。其次，在选人用人方面，一定要大胆和充分信任，做到新老员工搭配、技能搭配、责任到人和直接管辖这四点，这样才能使活动效果达到预期。

1.6　敲定邀请嘉宾/团队

在策划活动之前，还有一项重大事情要处理，那就是敲定邀请嘉宾/团队。可能有人会问，举办活动都应该邀请哪些人呢？下面笔者就针对这一问题进行简单的梳理。

1.6.1　如何敲定邀请嘉宾/团队

在敲定邀请嘉宾/团队之前，我们首先要解决一个问题，即明确活动目的。

13

因为邀请什么样的嘉宾/团队是由活动目的所决定的，而非固定不变的。在一般情况下，发起活动的目的有如下几种。

（1）新老客户维系。针对这一活动目的，企业邀请来的嘉宾/团队自然是之前与企业合作过的老客户，以及有购买意向的新客户。这样发起活动不仅能够维系新老客户，还能针对意向客户起到逼单的作用。

（2）新品促销。针对新品促销，企业可以邀请老客户及合作伙伴、分销商来为活动助力。这样既能够让老客户知道企业有新品上市，还能够让合作伙伴与分销商看到企业的前景，增强对企业的信心。

（3）团队建设。团队建设一般是企业内部的活动，因此有必要邀请企业管理层一起来参与活动。这样一方面能够拉近管理层与一线员工的距离，增强员工的归属感及认同感；另一方面能让管理层看到员工风貌，更好地了解员工。

（4）年终庆典。企业年终庆典不仅是对一年业绩的总结，也是维系老客户和大客户的绝佳手段。因此，企业有必要同时邀请老客户、大客户，以及优秀员工的家属来参与活动。这样不仅能够让老客户和大客户看到企业风貌，对企业整体情况有所了解，增强信任感，还能够增强优秀员工对企业的归属感，让员工家属对企业产生认同感。

（5）新品发布。新品发布，意味着要让新品被更多的人了解。因此，企业有必要邀请老客户、媒体及业界精英人物/企业。只有这样，才能够起到宣传的作用。只有业界的精英人物/企业对新品产生好感，才会吸引更多的人来关注新品。

（6）行业交流。既然是行业交流，自然就少不了业界精英人物/企业。除此之外，一些行业内的公益性团体、自由评论员、媒体也应该在被邀请的范围之内。这样才会产生轰动效应，才能够起到专业技术交流的作用，从而将大众的目光吸引过来。

（7）资源对接。资源对接，也就意味着邀请来的企业要与本企业具有一定的互补性。这样才能够起到对接、合作的作用，因此企业有必要根据自身情况邀请合适的嘉宾/团队。比如，电商平台可以邀请物流公司进行资源对接；服装设计公司可以邀请服装厂、广告公司、新闻媒体、物流公司进行资源对接。

1.6.2 利用表格详解邀请嘉宾/团队的敲定

关于如何敲定邀请嘉宾/团队，笔者总结了一个表格，供大家在日常工作中参考使用。

活 动 目 的	需邀请的嘉宾/团队
新老客户维系	已合作过的老客户+有购买意向的新客户
新品促销	老客户+合作伙伴+分销商
团队建设	企业管理层
年终庆典	老客户+大客户+优秀员工的家属
新品发布	老客户+媒体+业界精英人物/企业
行业交流	业界精英人物/企业+公益性团体+自由评论员+媒体
资源对接	与本企业具有一定互补性的企业

1.6.3 案例：以酒会为例解析如何敲定邀请嘉宾/团队

一转眼又到年终，吴经理想要通过酒会的形式增进与新老客户之间的关系，同时进行资源对接，洽谈新一年度的合作。但是，他在邀请嘉宾/团队上犯了难，他不知道该邀请哪些人参加酒会。如果你是吴经理，你觉得该邀请哪些人参加酒会呢？

根据上面案例的背景资料可知，吴经理举办酒会的目的是维系新老客户并进行资源对接（洽谈新一年度的合作）。因此，吴经理的酒会可邀请下列人员参加：公司现有客户、公司现有客户的业界同行、公司现有客户的亲朋好友。

> **Tips**：在敲定邀请嘉宾/团队之前，首先一定要清楚活动目的，然后根据活动目的敲定邀请嘉宾/团队。本节，笔者针对常见的活动目的进行汇总与梳理，仅供大家在日常工作中参考使用，具体嘉宾/团队名单还需要根据实际情况进行修正，切不可一味照搬。

1.7 选择适宜的活动时间

能否成功发起一次活动，除与活动的创意、礼品有关外，还有一个因素不容忽视，即活动时间。如果活动时间选择得好，就很容易产生引爆效应，甚至还可能用极少的付出获取很大的回报。那么，活动时间应该如何选择呢？下面笔者就针对这一问题进行详细解析。

1.7.1 如何选择适宜的活动时间

下面介绍两种选择活动时间的方案：抽空法和追随法。

（1）**抽空法**。简而言之，就是选择没有领军企业做活动的时间段发起活动。这种方法比较适合中小企业。毕竟，每个行业都有响当当的领军企业，如果领军企业在做活动时你也在做，那么很显然你的活动会被"淹没"，甚至无人问津。但是，如果你选择的时间段没有领军企业做活动，那么，购买者就会将你的企业和领军企业在多个方面进行对比，这时你就拥有了取胜的优势，进而吸引一批忠实用户。

（2）**追随法**。简而言之，就是追随领军企业一起做活动。这种方法常见于节假日，这个时段每个企业都在做活动，如果你不做活动就显得没有竞争力，也没有曝光度，因此你也要追随领军企业一起做活动。

1.7.2 选择适宜的活动时间时应注意的问题

（1）**是否有节假日**。在选择用追随法确定活动时间时，一定要清楚此时是否有节假日可以作为噱头。如果没有，我们就需要思考此时行业内是否有文化节可以彰显企业实力、争取行业地位或曝光度。如果还是没有，我们就需要好好思考一下是否要跟风在这个时段发起活动了。

（2）**是否有名企已经发起活动**。如果发起活动的时间不在节假日，行业内也没有举办文化节，我们就需要思考此时是否已经有名企发起活动。如果没有，就可以放心大胆地发起活动；如果有，就需要慎重思考了。毕竟，名企更有话语权，如果企业与名企一起发起活动，那么企业很有可能被抢风头，陷入被动局面，甚至无人问津。

（3）**企业内部是否已有活动**。如果我们在发起活动之前发现企业内部已经在搞团队建设、酒会或促销活动，就不适宜再发起活动了，以确保企业人员的精力不被分散，从而使活动效果最大化。

（4）**明确企业的核心优势**。在发起活动之前，一定要明确企业的核心优势。只有这样，才能够让活动目的更明晰，让大众一目了然地记住产品及其优势，进而去购买。

1.7.3 案例：以玩具公司为例解析如何选择适宜的活动时间

李经理经营着一家玩具公司，正值7月份，有一款智能运动早教机需要打入市场，于是他想在8月份发起活动。但是，李经理得知在9月份行业内有一个大型玩具展会。而且，8月份行业内颇有声望的A公司也会搞活动。另外，现在李经理的公司正在举行大型招聘会。这让李经理犯了难，到底该将活动时间定在什么时候呢？如果你是李经理，你会如何选择呢？

根据上面案例的背景资料可知李经理的现状：9月份行业内有大型玩具展会，现在公司正在招聘，8月份行业内颇有声望的A公司也会搞活动。

所以，如果李经理选择在8月份搞活动，那么风头势必被A公司抢走；而且公司内部现在正在招聘，8月份应该也忙于新人培训，人员精力势必被分散；9月份行业内还要举行大型玩具展会，为了彰显行业地位，李经理的公司势必要参与，那么在8月份就需要着手准备这次展会，肯定要分散一部分人力。

综上考虑，李经理应该集中人力，选择在9月份的玩具展会上发起新品上市的推广活动，这样也不会造成资金浪费。

> **Tips**：在选择适宜的活动时间时，一定要考虑行业领军企业、行业展会、企业内部人员的精力等情况，要避开行业领军企业举办活动的风口期，这样才能确保自己企业的活动风头不被抢走。另外，针对业内大型展会，除为了彰显行业地位一定要参与外，还要明确企业的核心优势，这样自己的企业才能够在展会上拔得头筹。

1.8 确定活动载体

在策划活动之前，除做好一系列准备工作外，还需要确定活动载体，即弄清楚这次活动到底是在线下做还是在线上做，到底是要发布在微博、微信这类新媒体平台，还是要发布到门户网站及垂直网站，这样才能使活动效果达到最佳。那么，到底该如何确定活动载体呢？本节就来进行详细阐述。

1.8.1 如何确定活动载体

在一般情况下，活动载体取决于要推广的对象。

（1）**大众消费类**。如衣服、帽子、饮料、快餐等，这些日常生活中经常见到的产品与服务，适合在微博、微信等新媒体平台进行推广，并且推广重点要放在线上。在线上发布活动，引流到线下，这样意向客户就会被圈定在新媒体账号中，便于进行二次营销。

（2）**大额消费类**。如房产、汽车等，出身普通家庭的人也许一生只能购买一次，因为消费数额巨大。这样的产品适合线上、展会、线下的综合性载体。广告布局要全面，从而融入人们生活的方方面面。这样才能提高曝光率，加深人们的印象。

（3）**机械与工程类**。如车床、基坑支护等机械与工程类的产品，适合在搜索引擎、垂直网站、B2B 网站上发布广告。这样有合作意向的企业就能够搜索到该企业，进而达成合作。

（4）**旅游与保养类**。如旅行社或做皮肤保养的企业，就比较适合在新媒体平台上进行推广，这是树立品牌形象的关键。当然，传统的门户网站也不能放弃。除此之外，还要借助电视广告、户外广告等载体。这样才能够增加曝光、树立品牌形象。

下面，笔者通过表格来帮助大家弄明白如何确定活动载体。

第 1 章　如何做好活动策划前的筹备工作

受 众 类 型	活 动 载 体
大众消费类	线上（微博、微信、自媒体）+线下（实体店）
大额消费类	线上+展会+线下的综合性载体
机械与工程类	搜索引擎+垂直网站+B2B 网站
旅游与保养类	新媒体平台+门户网站+电视广告+户外广告

1.8.2　确定活动载体应注意的问题

在一般情况下，确定活动载体应注意如下问题。

（1）**注意受众方向**。发起活动的成功与否和活动的载体息息相关。我们只有掌握了受众的年龄层次，以及是企业还是个人，才能够确定活动载体，使活动达到预期效果。

（2）**争取最大曝光**。举办一次成功的活动，就是想尽一切办法，争取最大曝光。如果企业有很多免费的媒体资源，就应该结合实际情况加以利用。

（3）**掌握意向客户的习性**。在确定活动载体之前，一定要充分了解客户的习性。如果客户喜欢上社交网站，就要到社交网站上做活动；如果客户喜欢上业内论坛，就要到业内论坛上做活动。总之，确定的活动载体要迎合客户的习性，切不可凭空想象。

1.8.3　案例：以教育公司为例解析如何确定活动载体

张经理经营着一家 K12 教育公司，现在想要将小学生托管班打入市场，让没时间接孩子放学和寒/暑假没时间照顾孩子的家长把孩子送来，由机构教师统一管理，统一教授一门艺术。但是，张经理在发布托管班招生大促活动时犯了难，他不知道该选择怎样的活动载体来进行宣传。如果你是张经理，你会如何确定活动载体呢？

上面的资料显示，张经理经营的是 K12 教育公司，这就意味着受众是幼儿园学生及家长、小学生及家长、中学生及家长。张经理想要做的事情是将小学生托管班打入市场，那么受众就是小学生及家长。

19

此时我们应该思考的是，小学生与小学生家长都会做什么？没错，看电视、登录社交网站、看报纸等。因此，本次活动的载体就应该确定为电视广告、新媒体平台和报纸等。

Tips：在确定活动载体之前，一定要确认受众，并掌握受众的习性。只有这样，我们才能够确保活动载体选择得充分且全面。当然，本节所给出的活动载体仅供参考，若遇到具体问题还应该结合实际情况进行调整，不可一味地生搬硬套。

1.9 做好活动前的宣传工作

在策划活动之前，我们还应该做好前期的宣传工作。在信息"爆炸"的今天，"酒香不怕巷子深"的时代已经不复存在，只有加大力度做好活动宣传才能确保活动达到预期效果。

1.9.1 如何做好活动前的宣传工作

活动前的宣传工作可分为三大类：内部宣传、外部宣传和补充宣传。

（1）**内部宣传**。内部宣传一般是指针对企业内部员工的宣传。针对企业内部员工，我们只需在活动前发布动员大会，动员他们主动将活动信息发送给身边的朋友即可。

（2）**外部宣传**。外部宣传一般是指针对新客户与意向客户的宣传。我们可以通过打广告、发布新闻等推广手段将活动信息发布出去。这样，感兴趣的人就会在第一时间参与到活动中来。

（3）**补充宣传**。补充宣传主要针对活动宣传无法覆盖到的人群。例如，对于老客户、大客户，市场部门需要打电话进行邀请。

当然，这并不是说我们在策划活动之前做好内部宣传、外部宣传和补充宣传就可以了，对于活动载体，我们还需要根据活动的目的、企业的知名度、活动预

第 1 章 如何做好活动策划前的筹备工作

算、产品类型等多方面进行实际考量和筛选。比如，如果企业是有知名度的企业，那么在宣传时需要在门户网站等平台进行曝光；如果企业没什么知名度，就要以产品为主，多在新媒体平台上发布一些案例来引导大家转发分享。

总之，活动前的宣传工作并不是一拍脑门就能决定的，还需要结合实际情况进行分析。

1.9.2 做好活动前的宣传工作应注意的问题

（1）**照顾到所有嘉宾**。如果需要邀请一些嘉宾参与活动，那么在做活动之前就要针对所有嘉宾逐一进行电话邀请或登门邀请。这样既显得比较正式，又能够让嘉宾感受到被重视，进而对企业产生好感，同时能够起到提醒嘉宾参与活动的作用。

（2）**噱头要劲爆**。在为活动做宣传时，噱头要劲爆，最好在活动的前期宣传中就形成引爆的局面，这样能够起到宣传的作用并产生轰动的效应，进而吸引更多的人来参与活动。

（3）**贴合受众习惯**。活动宣传载体一定要贴合受众的习惯。比如，这次活动的受众是年轻人，那就要在社交网站、游戏软件等年轻人经常逛的地方进行宣传；这次活动的受众是老年人，那就可以在报纸、社区等老年人经常接触的媒体和常去的地方进行宣传。

1.9.3 案例：以科技公司为例解析如何做好活动前的宣传工作

王经理经营着一家互联网广告科技公司，现在想要举办一次资源对接大会。他想要邀请的人员有广告行业同仁、实体企业主、活动公司人员等。现在活动即将开始，王经理却在宣传方面犯了难，他不知道该如何进行宣传。如果你是王经理，你会如何对这次资源对接大会进行宣传呢？

根据上面案例的背景资料可知，王经理想要举办的活动是资源对接大会。王经理的公司是互联网广告科技公司，他想要邀请的人员有广告行业同仁、实体企业主、活动公司人员等。那么，王经理可以采取如下宣传策略。

（1）给老客户打电话，邀请其参与活动。

（2）登门拜访广告业界的泰斗，如广告及实体企业联盟/协会主席，并邀请其参与活动；双方达成合作，尽量让其邀请自己的会员来参与本次活动。

（3）在科技类、广告类垂直网站或报纸上做广告，同时邀请主流新闻媒体对本次活动进行宣传。

（4）将活动信息发布在公司官网、新媒体平台，以及本行业的业界泰斗、领军企业的新媒体账号上。

> **Tips**：做好活动前的宣传工作，简而言之就是想尽办法将活动信息告诉本次活动的受众，进而最大限度地吸引有意向的人群来参与。

1.10 制定活动排期规划表

在策划活动之前，我们还要制定活动排期规划表。只有活动排期规划表制定得科学合理、切实可行，才能够使活动有条不紊地进行。

1.10.1 如何制定活动排期规划表

我们在制定活动排期规划表之前要先了解活动的步骤。一般情况下，活动分为四个阶段：准备阶段、策划阶段、宣传阶段、后续运维阶段。这四个阶段的分工又有诸多不同。

（1）**准备阶段**。本阶段一般为 5 天左右，主要针对企业运营现状进行分析、梳理企业现有资源、制定活动预算、抽调活动参与人员、敲定邀请嘉宾/团队、选择适宜的活动时间等。

（2）**策划阶段**。本阶段一般为 3～5 天，主要是确定活动主题、活动地点、活动时间、活动形式、活动流程、活动奖品，完善活动人员组织架构，将任务分配到人，准备活动所需物料等。

第 1 章　如何做好活动策划前的筹备工作

（3）宣传阶段。本阶段一般为 10 天左右，主要是打电话邀请活动嘉宾、联系媒体进行宣传、发布活动内容等。

（4）后续运维阶段。本阶段一般为 1~3 个月，主要是总结活动成效、搜集活动数据、发布一系列小活动对本次活动的效果进行巩固、对新老客户进行回访、将活动所剩物料进行备案等。

针对如何制定活动排期规划表，笔者总结了一个表格，供大家在日后的工作中参考使用。

活动阶段	预计时间	任务内容
准备阶段	5 天左右	针对企业运营现状进行分析、梳理企业现有资源、制定活动预算、抽调活动参与人员、敲定邀请嘉宾/团队、选择适宜的活动时间等
策划阶段	3~5 天	确定活动主题、活动地点、活动时间、活动形式、活动流程、活动奖品，完善活动人员组织架构，将任务分配到人，准备活动所需物料等
宣传阶段	10 天左右	打电话邀请活动嘉宾、联系媒体进行宣传、发布活动内容等
后续运维阶段	1~3 个月	总结活动成效、搜集活动数据、发布一系列小活动对本次活动的效果进行巩固、对新老客户进行回访、将活动所剩物料进行备案等

1.10.2 制定活动排期规划表应注意的问题

制定活动排期规划表应注意的问题如下。

（1）留有足够的空余时间。计划赶不上变化，因此，一定要为突发事件留有足够的时间，这样才能使活动有条不紊地进行。

（2）不可照本宣科。活动排期规划表只是为大家日后的工作提供简单的参考，如果在实际执行时提前完成任务，就要根据实际情况进行调整，切不可一味地生搬硬套。

（3）全面、得体。活动前期宣传要全面、得体，对所有需要邀请的嘉宾都应该逐一打电话邀请或登门邀请。

1.10.3 案例：以食品促销活动为例解析如何制定活动排期规划表

阮经理的食品公司最近要举办一次促销活动，他想把6月份生产并测试好的咖喱面包推向市场，已经初步确定了活动模型，但不知道如何制定活动排期规划表以使活动有序进行。如果你是阮经理，你会如何制定活动排期规划表呢？

根据上面案例的背景资料可知，阮经理需要举办的是咖喱面包促销活动，咖喱面包的生产及测试完成时间是6月份。那么，阮经理的活动排期规划表应该这样制定，如下表所示。

活 动 阶 段	预 计 时 间	任 务 内 容
准备阶段	7月1日—7月6日	针对企业运营现状进行分析、梳理企业现有资源、制定活动预算、抽调活动参与人员、敲定邀请嘉宾/团队、选择适宜的活动时间等
策划阶段	7月7日—7月12日	确定活动主题、活动地点、活动时间、活动形式、活动流程、活动奖品，完善活动人员组织架构，将任务分配到人，准备活动所需物料等
宣传阶段	7月13日—7月20日	打电话邀请活动嘉宾、联系媒体进行宣传、发布活动内容等
后续运维阶段	7月20日（不含）以后	总结活动成效、搜集活动数据、发布一系列小活动对本次活动的效果进行巩固、对新老客户进行回访、将活动所剩物料进行备案等

Tips：活动排期规划表，只是企业根据现状进行的计划排布，仅供相关人员在实际工作中参考使用。若遇具体问题，则应根据实际情况进行调整，切不可一味照搬。

第 2 章

活动策划的步骤

活动的策划和落地执行是一件非常复杂的事情，一个小细节的疏漏都有可能造成活动满盘皆输。因此，做好筹备工作、盘点好企业内部的资源情况只是第一步，了解活动策划的步骤并严格遵照步骤来一步步展开工作，才是成功的关键。

2.1 第一步：进行用户调研及数据搜集

要想使活动达成既定效果，首先要做的就是了解这次活动的目标受众，知道活动的目标受众的真实需求是什么。那么，我们该通过怎样的手段来获取这些信息呢？最直接、最有效的方式便是进行用户调研及数据搜集。

2.1.1 进行用户调研的方法

从策划活动的角度来讲，进行调研无外乎要：确定客户需求、试水新产品、确认客户的购物行为、确定客户喜欢的产品、确定客户的消费习惯、了解客户复购的意愿……针对不同的目的，我们可以选择不同的调研方式。对此，笔者做了一个表格供大家在日常的工作中参考使用。

活动目的	可以选择的调研方式
确定客户需求	外部调研（行业数据辅助）
试水新产品	
确认客户的购物行为	线下调研（网站/App 后台数据分析+运营数据分析）
确定客户喜欢的产品	老客户抽样调研
确定客户的消费习惯	
了解客户复购的意愿	

（1）**外部调研**：顾名思义，就是基于企业外部进行调研，在本节当中特指针对未付费的意向客户和非意向客户进行调研。这样的人群非常好找，如进行街访。外部调研旨在搜集到未付费的意向客户和非意向客户对于本企业产品的真实态度，进而优化产品和提升成交额。

（2）**线下调研**：在确认客户的购物行为时，企业往往会采用"网站/App 后台数据分析+运营数据分析"的形式。首先，针对网站/App 后台的数据分析能够清晰地分析出客户在平台的喜好；其次，通过线下调研能够观测出客户到底在实体见面的场景下更青睐于哪种产品；最后，通过对企业内的各维度运营数据（如销售数据、新媒体营销数据、社群运营数据）进行分析，分析出在具体某一场景和各营销环节客户最喜欢何种产品，进而通过活动数据倒推活动策划的目的。

（3）**老客户抽样调研**：顾名思义，就是基于老客户进行抽样调研。需要注意：抽样调研的对象要符合"全年龄段、全购买渠道、复购与未复购均选"等特征。这样才能确保数据的真实性，进而将具备所有特征的老客户都调研到，而不是针对某一群体中的老客户进行调研，造成调研数据的偏差。

2.1.2 进行数据搜集的方法

虽然通过上一节所述的方式就能基本摸清客户的需求，但是，在实际的调研当中，我们往往需要搜寻更多数据作为活动目的拟定的补充依据。我们对补充依据的搜寻应集中在如下几个方向。

1．行业数据方向

行业数据方向比较好理解，就是找到一些相关行业客户的行为数据、购物偏好数据、客户画像数据作为调研的佐证。笔者在这里推荐几个比较知名的网站，供大家在实际操作的时候应用。

（1）**镝数聚**。这是一个数据综合服务平台，可供用户一站式搜集到任何想要的数据。

（2）**艾瑞网**。不必多说，艾瑞网是老牌数据网站了，很多企业都在这里找数据，它比较权威。

（3）**行行查**。这个网站提供针对行业数据的图片分析、图表分析，是一个让人们可以快速了解行业数据的非常不错的网站。

（4）**阿里研究院**。阿里研究院就不必多说了，想要用户购物行为分析数据的，可以去看看。

（5）**腾讯大数据**。腾讯大数据也不必多说，腾讯发展这么多年，其所掌握的数据自然不会少。而且，大平台的权威性也相对较高。

除此之外，如果想要查询宏观数据，可到国家统计数据库、前瞻数据库、中国互联网信息中心等对应的垂直网站上进行查询。

2. 热点数据方向

如果想要预测热点、根据热点信息进行活动策划，可以使用百度指数、微信指数查看对应热门关键词的热度，进而决定在哪一天发布活动。

3. 门店数据方向

要想策划好活动，只看线上数据还不够，还要学会查阅门店数据，并结合门店数据进行分析，进而得出活动策划的方向。常见的、可搜集到的门店数据有：来访人数、货品销售数据、货品资讯、门店添加公众号/客服微信的数据等。这些都能够为活动策划提供数据支持。

> **Tips：** 通过活动调研数据，策划人员可以清晰地看出活动的目的。为了佐证调研数据的可靠性，策划人员还可以通过行业数据、热点数据、门店数据进行数据的补充。

2.2 第二步：明确活动目的

在一般情况下，活动目的往往是遵照企业当前活动节点、需求来进行拟定和明确的，同时结合实际数据，从而使活动目的更具科学性。本节将详细讲述如何明确活动目的。

2.2.1 如何明确活动目的

策划活动的目的一般有以下几种。

（1）**促销回馈**。这主要是针对促销活动而言的。在一般情况下，企业都会先提前确定本次活动的促销策略，再发起活动，对产品进行销售。

（2）**团队建设**。这主要是针对团队内部活动而言的。企业一般每年都会在七八月份组织员工旅游和拓展，或者将过生日的员工聚到一起过生日。发起这样的活动，目的就是进行团队建设，增强团队成员的默契度。

（3）**客户维系**。这主要是针对酒会、年会而言的。企业为了维系新老客户，都会为他们举办酒会、年会等。

（4）**客户拓展**。这主要是针对资源对接、行业交流会、展会而言的。企业为了吸引与拓展更多的客户，一般会邀请业界人士聚在一起进行资源对接，或者举办展会，将对企业感兴趣的人聚到一起。

（5）**品牌塑造**。这主要是针对公益类活动而言的。发起这样的活动，企业虽然无法从中获取更多的客户，更不可能在短期内从中获利，但能够扩大企业的社会影响力，提升企业品牌公信度，从而增加曝光、塑造企业形象。

（6）**吸粉/增粉**。这主要是针对线上活动而言的。无论企业发起怎样的线上活动/新媒体活动，都是为了吸引粉丝，争取更多的曝光。

活 动 目 的	活 动 原 因
促销回馈	新品推广、节日促销、特惠促销、促销节点来临、任务型活动
团队建设	内部培训（新品认知、精神贯彻等）、团队建设（员工生日、年会等）
客户维系	合作伙伴维系
客户拓展	资源互换
品牌塑造	公益行动、公关危机处理
吸粉/增粉	线上活动/新媒体活动

在掌握了活动策划的目的之后，我们再结合 2.1 节所讲述的内容，就能够很好地分析活动策划的目的了。在一般情况下，调研数据与活动目的的对应规则如下。

促销回馈→配合老客户抽样调研来进行决策。这样在拟定促销回馈政策的时候便既能洞察新客户的诉求，又能兼顾老客户的诉求。

团队建设→配合企业内部调研来看。这样的活动一般基于企业内部，因此，做好企业内部调研十分重要。

客户维系→配合老客户抽样调研进行决策。这样能够精准地捕捉到老客户的最新诉求，从而更有针对性地进行活动策划。

客户拓展→配合老客户抽样调研+外部调研进行决策。这样能够使客户诉求更全面，从而达成发布一个活动吸引两批人都为自己发声的效果。

品牌塑造→配合外部调研+老客户抽样调研进行决策。这样能够使品牌形象既沿袭一直以来在老客户心目中的形象，又能够在新客户的诉求下产生创新、迭代之感。

吸粉/增粉→配合外部调研进行决策。这样才能够了解当下市面上意向客户的诉求，从而有针对性地发起活动，进而持续吸引新客户。

2.2.2 案例：以果品公司为例解析如何明确活动目的

张经理经营着一家果品公司，现在想要发起一个五折促销活动。在沟通具体活动时，策划人员小王却犯了难，尽管张经理跟他聊了很多，但他依旧不知道策划这次活动的目的是什么。如果你是小王，你知道策划这次活动的目的是什么吗？

根据上面案例的背景资料可知，张经理想要发起的活动为果品五折促销活动，那么，策划这次活动的目的是促销回馈。

> **Tips**：活动目的是根据活动原因确定的，所以只有先找到活动原因，才能够确定活动目的。本节所给出的活动目的与活动原因对照表，只是针对常见情况的总结归纳，若遇具体问题还需具体分析，切不可一味照搬。

2.3 第三步：构思活动方案

活动方案的内容都有哪些呢？在构思活动方案时应该注意哪些问题呢？笔者将揭开这些问题的答案。

2.3.1 活动方案的一般结构

活动方案的内容主要包括以下几个方面。

（1）**活动主题**。一个好的活动主题是活动成功的前提。我们在构思活动时，要想出一个响当当的活动主题，这样才能最大限度地勾起受众对活动效果的期待。

（2）**活动时间**。这是指设置活动的总时长，以及每日活动的时长。

（3）**活动地点**。如果发起线下活动，那么活动地点就是发起活动的场地；如果发起线上活动，那么活动地点一般选择企业的新媒体账号。

（4）**参与人员**。这是指确认好参与本次活动的人员及团体。

（5）**活动流程**。这是指确认好活动从何时开始、何时表演什么节目/发起什么互动、何时进行营销策略宣讲、何时结束等。若是线上活动，则需要写清楚活动的发起方、活动的承接方、用户需要做的动作，以及后续的销售承接流程、服务承接过程等。

（6）**活动备选方案**。为了避免突发事件的发生，我们需要在确认好活动整体构思以后制定一个备选方案，从而确保活动万无一失。比如，活动备选场地、备选互动等。

2.3.2 构思活动方案时应注意的问题

构思活动方案时应注意的问题如下。

（1）**停留时间**。在进行活动方案的构思时应该注意受众的停留时间，一定要想尽办法使参与活动的人员停留在活动现场，这样才能起到促销与逼单的作用。

（2）**兴趣调动**。既然意向客户已经来到了活动现场，那么活动的发起人就要想尽办法调动意向客户的兴趣。只有参与活动的人群兴趣高涨，企业才能够通过活动达到营销的目的。否则，参与者只会感到疲惫，缩短停留的时间。

（3）**切实可行**。无论活动方案是什么，都一定要确保切实可行。如果活动方案无法落地，也就谈不上活动的开展及营销问题了。

2.3.3 案例：以饮料促销活动为例解析如何构思活动方案

刘经理的公司最近有一批果汁饮料需要打入市场，他已经和几个卖场进行了合作，但还想扩大声势，让更多购买者认识公司的新品，但是刘经理不知道应该如何构思这次活动。如果你是刘经理，你会如何构思这次活动呢？

根据上面案例的背景资料可知，刘经理想要做的事情是将果汁饮料打入市场并扩大声势。同时，刘经理已经和几个卖场进行了合作。

那么，套用活动方案的一般结构，刘经理的这次促销活动的活动方案如下。

- 活动主题：年中巨惠，××果汁买一送一，全城送清凉！
- 活动时间：7天左右。
- 活动地点：各大卖场。
- 参与人员：市场部。
- 活动流程：活动期间聘请短期促销人员每日在卖场内进行赠饮活动（10:00—20:00）。
- 活动备选方案：地铁口、市中心步行街。

> **Tips**：在构思活动方案时，一定要注意意向客户的停留时间，以及调动意向客户的兴趣。只有这样，才能确保活动效果，达到促销的目的。当然，活动的主题也要响亮，这样才能确保大众对活动的期待性。

2.4 第四步：推演活动策略，完善活动细节

在明确了活动目的、构思好了活动方案之后，我们就要进行活动推演了。那么，在活动推演的时候我们该注意什么呢？本节就来进行详细的阐述。

2.4.1 推演活动策略的方式

推演活动策略并不是简单地找两三个人进行活动流程的跑通就可以了，毕

竟，两三个人的思维是有局限性的。真正的活动策略推演，是所有活动执行人员聚在一起进行联合预演，有一点春晚彩排的意思。其具体步骤如下。

（1）**模拟演绎**。顾名思义，就是将所有活动执行人员召集到一起，按照活动方案中所撰写的流程逐一进行模拟实操。在实操的过程当中就有可能出现或这样或那样的问题，这样才能有针对性地完善方案。

（2）**互评体验**。在模拟演绎之后，每一个参与者都对活动拥有非常直观的感受。这样，大家各抒己见，将自己感受好和感受不好的地方都说出来，从而达到优化活动方案的目的。

（3）**内测体验**。在团队内部模拟演绎之后，参与人员难免会陷入思维定式，因此，还可以邀请一些其他部门的人员/从未体验过这次活动的人员当作客户来配合进行内测和二度模拟演绎。在内测当中，扮演客户角色的人员能够对活动拥有直观的感受，进而提出全新的想法和感受。活动策划人员便可以依据内测体验人员的表述对活动方案进行优化。

（4）**头脑风暴**。这是指当一切准备就绪之后，还可以进行内部头脑风暴以达到查漏补缺的目的。

2.4.2　完善活动细节的方式

进行了推演，接下来就到了完善活动细节的环节了。其实，对于活动细节的完善，我们可以从四个维度来进行。

（1）**视觉体验**。这主要是指活动主视觉的呈现所带给人的感受，是否和活动主题相一致。此外，还要强调活动主视觉的抢眼性。具体来讲就是，参与者是否一下子就能找到？是否一下子就能被人记住？视觉载体（如背景板、海报）上是否有混淆不清的文案和图片出现？这些都需要参与者在推演的时候尽可能地用心感受，从而逐步完善细节。

（2）**话术体验**。话术是活动成功与否的关键，在推演活动的时候，可以采用对练的方式将不痛不痒、混淆视听的话语挑出来，增加一些能突出卖点、唤醒痛点场景的话术。这样不断对练和优化，进而使得活动期间的话术达到刺激客户需求的效果。

（3）**流程体验**。这主要是指活动执行人员是否有对哪一步的工作不够清晰、不知道如何交接和执行的情况。如果有，就需要执行人员主动提出，从而规避隐患，让活动流程通畅，活动顺利进行。

（4）**用户体验**。这主要是指在内测时扮演客户的人员在直观感受上有没有与活动初衷形成背离、是不是能够在第一时间很好地接收到活动策划人员想要传递的信息；在参与活动的过程中是不是有参与不下去、卡住却求助无门的情况。如果有，那么在完善活动细节的时候要注意予以规避。

> **Tips**：推演活动策略并不是简单地找两三个人进行活动流程的跑通就可以的。毕竟，两三个人的思维是有局限性的。真正的活动策略推演，是所有活动执行人员聚在一起，进行联合预演，有一点春晚彩排的意思。

2.5 第五步：进行活动成本预算

在策划活动之前，我们还要预算好本次活动所需要的成本，做好充足的准备。

2.5.1 如何进行活动成本预算

在一般情况下，进行活动成本预算会涉及以下几大模块。

（1）**物料成本**。活动现场所需要的用于布置活动现场的物料（如 LED 屏、桌椅、盒饭、文化衫、音箱、灯具等）及活动现场人员调度所形成的成本，都算作物料成本。

（2）**礼品成本**。活动现场会发放给意向客户礼品，这些礼品的费用可以算作礼品成本。

（3）**人员成本**。人员成本，即活动现场外聘人员的成本。比如，这次活动外聘了一位驻唱歌手，那么聘请这位驻唱歌手的费用就是人员成本。

（4）**媒体成本**。媒体成本是指宣传本次活动所产生的成本，一般包括新媒体广告等的宣传成本。

（5）**场地成本**。场地成本是指租赁活动场地所产生的费用。

2.5.2 活动成本预算清单

下面，笔者根据常见的活动类型总结了一份活动成本预算清单，供大家在日后的工作中参考使用。

成本模块	包含内容
物料成本	活动现场所产生的所有成本（含现场人员临时开销），如LED屏、桌椅、盒饭、文化衫、音箱、灯具等
礼品成本	活动现场所需发放礼品的成本
人员成本	活动现场外聘人员的成本，如驻唱歌手、魔术师等
媒体成本	宣传本次活动所产生的成本，如广告费用等
场地成本	租赁活动场地所产生的费用

2.5.3 案例：以展会活动为例解析如何进行活动成本预算

王经理最近要举办一场展会，活动现场需要用到桌椅50组、条幅2条、展架1个、麦克风2支、音箱2个、灯光1组，折合人民币20 000元左右。活动场地租赁费用为5 000元。除此之外，他还准备了每份价值200元的伴手礼100份，同时邀请了一位专业主持人来主持展会，每场3 000元。那么，你能帮王经理预算一下本场展会的成本吗？

根据上面案例的背景资料可知，王经理举办这场展会的成本预算如下。

- 物料成本：桌椅50组、条幅2条、展架1个、麦克风2支、音箱2个、灯光1组，大约20 000元。
- 礼品成本：每份价值200元的伴手礼100份，合计20 000元。
- 人员成本：主持人1名，3 000元/场。

- 媒体成本：未知。
- 场地成本：5 000 元。

因此，王经理举办这场展会的总成本为 48 000 元左右。

> **Tips**：计算活动所需成本时应该做到事无巨细，一定要考虑全面，将所有费用都思考清楚后再进行核算，切记不要遗漏。本节所给出的成本预算清单只是根据常见情况进行的总结归纳，若遇具体问题还需要进行具体分析，切不可一味照搬。

2.6 第六步：进行活动复盘

在活动结束之后，我们就需要进行活动复盘了。这样才能使活动效果持续地增强，同时也让团队在活动开展和活动策划上更上一层楼。那么，活动复盘究竟要复盘哪些内容呢？本节就来为大家进行详细讲述。

2.6.1 活动复盘都复盘什么

活动复盘的维度有很多，笔者根据工作中的经验，汇总成了如下表格，涵盖了所需要搜集的主要数据的维度，可供大家在日后的工作中参考使用。

可复盘的数据维度	目　　的
总销售额	能够判断出产品的销售旺季、淡季究竟在什么时候
各产品销售额	能够判断出产品的具体销售情况和市场生命力
线下客流量	能够判断出本次活动是否吸引人
总咨询量	能够判断出本次活动的话术、客户需求刺激是否到位
各产品咨询量	能够判断出活动中具体哪个产品更受青睐
老用户复购占比	能够判断出活动在老用户心目中的地位和对于复购的刺激程度
新客户首单占比	能够判断出活动在新客心目中的地位
各宣传途径曝光数	能够判断出各宣发通道的影响力及宣发内容的吸睛程度
活动参与率	能够判断出活动环节设置是否吸引人

2.6.2 进行活动复盘时应注意的问题

（1）**即时统计**。很多活动数据并不是在活动结束后调取一个文档或一项记录就能获取的。这就需要在数据生成的每一天或每半天进行记录，从而确保活动数据的真实性。

（2）**专人统计**。进行活动数据统计是一个细碎却系统的工程，最好指派专人进行统计，这样才能使数据的获取更精准、更及时。

（3）**头脑风暴**。在进行活动复盘时一定要选择头脑风暴的方式。不同人的思维层次和维度都不尽相同，在产生"碰撞"时，被搜集来的数据才能起到更大的作用，进而更好地作用于活动。

> **Tips**：活动数据统计是一个细碎却系统的工程，最好指派专人来做，这样才能使数据的获取更精准、更及时。

2.7 第七步：活动结果造势

策划和执行完活动，并进行了活动复盘，也不是万事大吉了，而是需要通过对各种素材的搜集进行造势，进而引发更大的讨论和关注。

2.7.1 活动结果造势的方法

（1）**销量法**。很多活动在结束后都会产生一些销量。如果总销量还不错，我们就可以将总销量作为活动结果宣传出去，给人一种活动异常火爆的感觉。如果总销量不尽如人意，就可以选择将小时销量、分钟销量等宣传出去，也可以给人以活动火爆的印象。

（2）**人数法**。除活动销售数据外，活动的总参与人数也可以作为宣传点。同样，如果总参与人数不尽如人意，就可以将小时人数、分钟人数等作为宣传点。

（3）**身份法**。如果上述两个数据都不尽如人意，那么我们可以亮出参与者的身份，如学历身份、人群身份、头衔身份等。总之，需要给参与者一种"大家都来了，为什么你还不关注我们的产品/品牌"的感觉。

(4) 咨询法。咨询数据也可以用来造势，如总咨询数、小时咨询数、分钟咨询数、秒咨询数，这些数据同样能够营造活动火爆的景象。

(5) 好评法。除了刚性的数据，我们还可以通过亮出用户好评的方式，来达到赢取信任度、营造品牌形象的目的。真实的用户好评能够直接吸引更多人群的关注和信任。

2.7.2 进行活动造势时应注意的问题

(1) 不要发布虚假数据。在造势的时候，可以采用缩短时间的方式截取数据，从而营造非常火爆的景象，但是千万不能发布虚假数据，那样会涉嫌欺诈，进而影响日后的经营活动。

(2) 即时造势。一定要确保在活动结束后的第一时间进行造势，这样才有助于活动造势的效果被广泛传播，并助推品牌出圈。若在活动结束后半个月或几个月之后再进行造势，活动/品牌就会被遗忘，从而使得造势的效果减弱。

> **Tips**：策划和执行完活动方案，并进行了活动复盘，也不是万事大吉了，而是需要通过对各种素材的搜集进行造势，进而引发更多的讨论和关注。常见的造势方法有销量法、人数法、身份法、咨询法、好评法。

第 3 章

如何确定活动主题

　　集团公司是不是总是逼迫分公司做活动拉动销售？然而分公司每年都会做很多活动，噱头都已用完，实在策划不出其他更具创意的活动了，怎么办？策划活动时是不是一提到活动主题就感觉比登天还难，不知道该如何做？或者你是不是想出的主题平淡无奇，让老板觉得你能力不够？别着急，本章笔者根据过往实操经验总结了活动主题的常见拟定方法，帮助你打破思维瓶颈，轻松确定活动主题。

3.1 节假日依托法

每逢节假日,很多企业都会竞相促销,那么,企业在节假日进行促销有哪些优势呢?这种依托节假日的促销活动的标题又该如何拟定呢?笔者将揭开这一系列问题的答案。

3.1.1 什么是节假日依托法

这种确定主题的方法在企业发起活动时很常见,简而言之,就是依托春节、端午节、中秋节、劳动节、国庆节等一系列节日,来对企业进行宣传。企业借助节日的噱头对新产品、新销售策略进行宣传。

3.1.2 节假日依托法的优势

使用节假日依托法来确定活动主题的优势如下。

(1)**烘托出节日气氛**。在节假日期间发起活动,目的就是烘托出节假日的喜庆气氛,这样可以让阅读者感受到快乐,进而选择关注和购买你的产品。

(2)**给出大额回馈**。一般以节假日为主题的活动都会配合促销活动,往往需要给阅读者大额回馈,这样才能吸引阅读者的注意。

(3)**争取市场份额**。节假日期间,绝大部分企业都会发起促销活动,这就涉及一个出镜率的问题。如果大家的产品都做促销,而你不做,并且你的产品在价格与质量上又不具备优势,那么很显然阅读者是不会关注你的产品的,从而导致你的企业失去市场份额。因此,即便是跟风,也要在节假日期间发起一些促销活动,这样才能争抢关注度和市场份额。

3.1.3 节假日依托法的标题惯用公式

笔者总结了几个常见的标题拟定公式,供大家在日常工作中参考使用。

第 3 章　如何确定活动主题

1．节日+品牌+优惠策略

这种标题很常见，即先表明我们在庆贺什么节日，然后紧跟品牌和优惠策略，从而吸引阅读者参与活动。

2．品牌+节日+优惠策略+吸睛语

这样的标题旨在让阅读者记住品牌，通过品牌拉动节日促销，吸引阅读者参与。其重点在于提升品牌的曝光度。

3．优惠策略+节假日+吸睛语

这样的标题拟定方法一般常见于中小企业，重点在于通过给力的优惠策略来吸引阅读者参与活动。

3.1.4　使用节假日依托法应注意的问题

使用节假日依托法应注意的问题如下。

（1）**优惠策略要给力**。这样的标题重点在于通过优惠策略来吸引阅读者参与，因此优惠策略一定要切实给力，这样阅读者才能够感受到实惠，在第一时间被吸引过来参与。

（2）**烘托出节日气氛**。既然是依托节假日进行宣传，就需要烘托出节假日的气氛，让阅读者有喜庆的感觉，进而对生活产生向往、对产品产生需求，最终促成购买。

3.1.5　案例：以礼品公司为例解析节假日依托法

刘女士经营着一家礼品公司，主营伴手礼、摆件、首饰等百余种礼品。春节快到了，刘女士想要借势对礼品进行五折促销。如果你是刘女士，你会如何采用节假日依托法拟定活动主题呢？

根据上面案例的背景资料可知，刘女士的礼品公司主营伴手礼、摆件、首饰等百余种礼品，刘女士想要做的事情是借助春节这个节假日对公司所经营的礼品进行五折促销。

套用前面给出的公式，刘女士的活动标题示例如下。

- 百余种礼品全部五折，春节巨惠，手快即得！
- 春节××（品牌名）百余种礼品五折放送，让你一省到底！

> **Tips**：在利用节假日依托法时一定要注意：优惠策略要给力，烘托出节日气氛。如果是知名企业，在其活动标题中，品牌可以放在优惠策略之前，但如果企业没有知名度，那么还是将优惠策略放在前面比较稳妥，这样能确保活动的曝光度，从而吸引更多的阅读者参与。

3.2 自拟节日法

在日常生活中，你有没有发现这样一种奇怪的现象：有很多企业的促销节日从未听说过，却很火。没错，这种企业自己创造节日对产品进行促销、争取曝光度的模式，在当下的新媒体时代已经不再是新闻，并且被广泛应用。那么，这是如何操作的呢？这样做又有哪些好处呢？下面笔者就针对这一系列问题进行详细讲解。

3.2.1 什么是自拟节日法

自拟节日法，顾名思义，就是企业选择合适的时间创造出一个节日来对产品进行促销、对品牌进行造势，从而吸引更多阅读者的关注，让企业始终在阅读者面前保持新鲜感，进而促使其购买。

3.2.2 自拟节日法的优势

使用自拟节日法确定活动主题的优势如下。

（1）提升曝光度。企业自拟节日，也就意味着多了一个可以发起促销活动的噱头与时间点。这就在无形之中为企业打造了一个可供促销的节点，使企业可以依托自己创造的节日来进行促销，而阅读者也不会感到奇怪。久而久之，在这个自拟的节日当天，企业的销量会直线飙升。

(2) 使品牌年轻化。这一点比较简单，简而言之，既然是自拟节日，也就传递给阅读者一个信号：这个企业的思维比较活跃。这就在无形之中树立了品牌年轻、前卫的形象。

(3) 促进销售。自拟节日是需要惯性的，而惯性一旦形成，阅读者就会知道每年的这一天都是这个企业的节日，都会有促销活动。那么，阅读者就会下意识地记住这个日子，从而选择在这一天进行购买。当然，没有购买需求的人也会在这一天因为这个节日而留意一下品牌，这就在无形之中促进了销售。

3.2.3　自拟节日法的创意思路

自拟节日，是不是意味着可以随意拟定节日呢？答案是否定的。自拟节日也需要遵循一定的创意思路，对此，笔者总结如下。

（1）罗列企业产品。

（2）筛选出主打产品。

（3）结合想象，拟定节日。

（4）自圆其说，进行发布。

需要注意的是，在第一步时一定要将企业的所有产品都罗列出来，筛选出主打产品，从而确保自拟节日与企业、产品息息相关。

在以自拟节日名义发布活动时，企业应先对节日进行解释，在做到自圆其说以后，再考虑发布问题。如果无法自圆其说，就不能令他人信服。

3.2.4　使用自拟节日法应注意的问题

使用自拟节日法应注意的问题如下。

（1）**与企业相关**。所拟定的节日一定要与企业及产品息息相关，这样才能够起到通过活动来宣传企业和产品的作用。如果相关度小，就会使阅读者感到莫名其妙，进而放弃关注。

（2）**新潮感/前卫感**。既然是自拟节日，就要给人一种新潮感、前卫感，这样才能够最大限度地确保企业/产品打动年轻人，从而吸引更多的人来关注企业和产品。

（3）**对时间点要自圆其说**。自拟节日也就意味着创造了一个新节日，那么，为什么要在这一天创立这个节日？作为节日的创立者，要能够自圆其说。而且，这个理由要让大众信服，这样才能够最大限度地让大众理解，进而产生共鸣，促成购买。

（4）**养成习惯**。一旦发起自拟节日，就要坚持下去。久而久之，其营销效果就能显现。

（5）**便于理解**。虽然自拟节日比较新潮、前卫，但这并不意味着这个节日可以不被大众所理解。如果大众无法理解这个节日，就不会进行传播，更谈不上促销和成交了。

3.2.5 案例：以门业公司为例解析自拟节日法

方经理经营着一家门业公司，主营防盗门。由于现在是销售淡季，因此他想举办促销活动。但近期没有节日，这让方经理犯了难，他不知道该如何确定活动主题。如果你是方经理，你会如何确定活动主题呢？

根据上面案例的背景资料可知，方经理经营的是门业公司，主营防盗门。由此你不难联想到家庭安全、门锁的安全程度等。那么，方经理就可以以家庭安全月、防撬节、家庭隐患查除节等为噱头来确定这次活动的主题。

> **Tips**：在使用自拟节日法确定主题时，一定要考虑自拟节日与企业/产品的相关度。只有无限贴近，同时又具有新意，才能够说服阅读者，吸引更多的人参与活动。当然，这里也要注意大众的理解程度和能否自圆其说。

3.3 故事编排法

很多时候，我们发起活动不仅想进行促销，而且想引发更多阅读者的共鸣，进而提升品牌价值。那么，这时候我们首先要做的就是"讲故事"。我们该如何通过讲故事的方式来确定活动主题呢？笔者就来揭开这一问题的答案。

3.3.1 什么是故事编排法

故事编排法，顾名思义，就是通过编排故事的方法拟定主题，进而使阅读者通过故事产生共鸣，或者引发好奇，并在这种心态的驱使下参与活动，促进成交。

3.3.2 故事编排法的优势

使用故事编排法确定活动主题的优势如下。

（1）易刺激情绪。由于在主题中引入了故事元素，因此更容易带动阅读者的情绪，让阅读者产生或激动或兴奋或感慨的情绪，进而在这种情绪的驱使下参与活动，促进成交。

（2）易树立形象。不同于利用促销策略来支撑主题的活动，利用故事编排法来策划活动能够带动阅读者的情绪，使企业变得更加具体化、人格化，从而拉近企业与阅读者的距离，树立亲民的企业形象。

（3）易促进成交。针对这类活动主题，阅读者在阅读后会产生不同的情绪，从而在情绪的驱使下进行冲动性购买，而不去仔细思考自己是否真的需要，这就在无形之中缩短了购买时间，生成更多订单。

3.3.3 故事编排法的惯用公式

下面，笔者总结了一些故事编排法的惯用公式，供大家在实际操作中参考使用。

1. 故事+疑问词

这样的活动主题旨在利用隐含在故事中的问题来引起阅读者的兴趣，使阅读者通过参与活动揭开答案，从而引发共鸣，促成购买。

2. 品牌+故事

这样的活动主题旨在告诉阅读者：品牌具有深厚的历史内涵，拥有很深的底蕴，从而使阅读者产生好感，进而关注品牌，并促成购买。

3.3.4 使用故事编排法应注意的问题

使用故事编排法应注意的问题如下。

（1）**故事要有深意**。在主题中嵌入故事时，嵌入的故事要有深意，让阅读者在阅读故事之余能感受到其隐含的深意和正能量，从而吸引阅读者参与活动。

（2）**在主题中留有悬念**。当然，这样的活动还需要在主题中留有悬念，让阅读者产生好奇心，进而在好奇心的驱使下参与活动，产生购买。

（3）**企业应具备一定规模**。这样的活动一般以品牌形象宣传为目的，因此它的营销能力相对较弱。策划人员在策划这样的活动主题时应当注意企业规模。如果是不知名的小企业，就不适合采用这种主题拟定方式。

3.3.5 案例：以银饰品公司为例解析故事编排法

王经理经营着一家银饰品公司，现在他想通过发起活动的方式来推广自己的新款银戒指，但苦于一直找不到合适的主题——不知道该利用什么噱头来发起活动。如果你是王经理，你会如何拟定活动主题呢？

根据案例的背景资料可知，王经理经营的是一家银饰品公司，他想要推广银戒指。因此，王经理可以拟定与爱情故事、校园爱情、初恋、恋爱相关的活动主题。根据前面所给出的惯用公式，王经理的活动主题可以这样拟定，具体内容如下。

1．××，最懂你的小心思

每个男生在表白时都会给自己心爱的女生送礼物，而银饰品的价格一般都不会太高，适合年轻人。因此，这样的活动主题旨在引导年轻人购买——将这款表达爱意的戒指送给自己心爱的女生，即使不说话，她也能明白你的心意。

2．××，帮你找回初恋的感觉

夫妻相处久了难免会产生审美疲劳，这样的活动主题旨在让阅读者明白这款戒指能帮你找回初恋的感觉，让你回忆起年轻时与另一半初见的画面，从而引发无限想象。

> **Tips：** 在使用故事编排法拟定主题时，要注意：故事要有深意，在主题中留有悬念，企业应具备一定规模。活动主题要给阅读者一种亲切感，这样才能够使阅读者产生认同感，进而促成购买。

3.4 促销优惠法

很多企业会直接使用促销优惠法来进行促销和推广，那么，这么做有什么优势呢？为什么很多企业会选择使用促销优惠法来发起活动呢？笔者将一一揭开这些问题的答案。

3.4.1 什么是促销优惠法

促销优惠法，即将企业所拟定的促销优惠策略写到主题中，来作为这次活动的主题。比如，这次活动的促销策略是五折优惠，那么在主题中可以写"百余种潮流鞋帽全部五折"等字样。

3.4.2 促销优惠法的优势

使用促销优惠法确定活动主题的优势如下。

(1) **刺激需求**。如果你喜欢的一件价格昂贵的产品突然打折让利，你是否会选择购买？这就是促销优惠法的优势，让大众在价格及优惠策略的驱使下产生购买欲望，进而去购买。

(2) **刺激关注**。商品打折促销，会在一定程度上吸引阅读者进行关注。因此，使用促销优惠法能够在一定程度上起到吸引阅读者的作用，让阅读者拥有一种"没想到这类产品这么便宜"的感觉，进而促成购买。

(3) **提高回购率**。如果一件产品的价格始终居高不下，那么许多人就会去购买价格较低的同类产品。但如果这件产品偶尔打折呢？那么相信会有很多人在打折期间购买这件产品。如果使用者觉得自己得到了实惠，并且产品的质量足够好，那么即使其不打折也会进行购买，并对价格充满了期待——只要这个企业发布一些动态，就会关注。这就在无形之中增加了企业进行二次营销的机会，进而提升回购率。

3.4.3 使用促销优惠法应注意的问题

使用促销优惠法应注意的问题如下。

(1) **让利额度要大**。由于促销优惠法是企业通过让利、打折的方式发起活动的，所以产品的价格就成了吸引阅读者进行购买的条件。因此，让利额度一定要大，要让阅读者切实感受到实惠，这样才能够达到促销的目的。

(2) **产品质量不可打折**。在价格打折时，切记产品质量不可打折，一定要让阅读者在享受实惠价格的同时，体验到与没打折时一样质量的服务/产品。这样阅读者才能对产品质量产生信任感，进而回购。

(3) **积累客户信息**。在使用优惠促销法发起活动时，我们要注意搜集客户信息，将客户聚拢到一个平台上。当企业再有活动，或者有新品上市及发布任何动态时，这些客户能够第一时间看到，进而去购买，同时也便于对产品感兴趣的客户回购及追踪企业信息。

3.4.4 案例：以服装公司为例解析促销优惠法

张经理经营着一家服装公司，现在想通过促销优惠法对产品进行倾销。他拟定了销售策略：反季产品五折销售，应季产品全部八折。如果你是张经理，你会如何拟定活动主题呢？

根据上面案例的背景资料可知，张经理想做的事情是通过促销优惠法对产品进行倾销。张经理拟定了销售策略：反季产品五折销售，应季产品全部八折。那么，这次促销活动的主题示例如下。

- 反季商品全部五折，另有更多惊喜、优惠等着你！
- 潮流服饰全部八折，反季服装全部五折，只为回馈忙碌的你！

> **Tips**：在使用促销优惠法确定活动主题时，一定要考虑这几点：让利额度要大，产品质量不可打折，积累客户信息。只有这样，促销优惠活动才有望达到目的，才能够起到吸引购买者回购的作用。

3.5 公益行动法

如果我们仔细留意就会发现，很多企业都会定期举办公益活动或慰问演出/晚会。为什么企业愿意付出时间和金钱来举办这样的活动呢？以公益行动为活动主题对企业而言又有哪些优势呢？本节将针对这一系列问题进行详细解析。

3.5.1 什么是公益行动法

公益行动法，即企业通过发起公益活动，或者参与公益活动，以做公益的名义拟定活动主题。这么做看似不能创造任何收益，还会使企业倒搭很多活动经费，但其实企业能够收获很多。

3.5.2 公益行动法的优势

使用公益行动法确定活动主题的优势如下。

（1）**吸引关注**。一般新闻媒体都会争相报道/围观大中企业的公益活动，这就使企业拥有了曝光度。一旦有媒体报道，就相当于为企业进行了一次免费宣传，从而使企业吸引更多的关注。

（2）**树立正面形象**。公益活动往往与慈善、正能量挂钩，所以企业发起或参与公益活动能够树立正面形象，使阅读者记住企业品牌。

（3）**提升品牌影响力**。在当下的新媒体时代，只有抓住大众眼球、被人记住，才能拥有影响力。企业做公益活动，能够争取到媒体的曝光，并使阅读者产生共鸣，久而久之，就会在无形之中提升品牌影响力，进而使更多的人记住品牌。

3.5.3 使用公益行动法的惯用撰写思路

笔者总结了以下两种公益行动法的惯用撰写思路。

1．以公益活动为主线

这种撰写思路很简单，即组织并发起常规的公益活动，如捐书、捐款、到乡村/大山里去慰问等，以公益活动为主线，来进行活动主题的拟定。

2．自拟行动，发起并执行

这种撰写思路一般常见于知名企业。企业可以结合产品的特征及企业的特征来自拟公益行动，并带领大众发起和执行，如光盘行动、低碳环保行动、素食主义行动等。

3.5.4 使用公益行动法应注意的问题

使用公益行动法应注意的问题如下。

（1）主题要与企业相贴近。活动主题要与企业的产品或服务相关联，不要盲目发起公益活动，否则不仅起不到宣传品牌的作用，还会使阅读者对产品或服务产生混乱的感觉。

（2）主题要大或有"梗"。活动主题要大或有"梗"，最好能引起阅读者的共鸣，同时要具有新意。这样才能给媒体一个报道的理由，进而吸引他们为企业免费做宣传。

（3）活动要切实、实用。既然是公益活动，就要实用，让受惠者切实从中得到实惠。这样才能够引发共鸣、形成口碑，进而使品牌被大众记住。

3.5.5 案例：以教育公司为例解析公益行动法

王经理经营着一家K12教育公司，现在想通过公益行动法来拟定活动主题，为公司做宣传，但他不知道该如何发起活动，也不知道该如何拟定活动主题。如果你是王经理，你会如何确定活动主题呢？

根据上面案例的背景资料可知，王经理要做的事情是举办公益活动，宣传公司；王经理的公司是K12教育公司。所以，王经理的活动主题示例如下。

（1）送教下乡。

（2）异乡务工人员子女艺术类课程义务拔高班。

（3）义务送教进社区。

阐述：由于王经理的公司是K12教育公司，所以在思考公益活动主题时应该与K12教育挂钩。主题（1）的目的是平衡城乡师资，将良好的教育送入乡村；主题（2）是为了解决异乡务工人员子女的艺术类课程的培训问题，让异乡务工人员的子女也能够和当地孩子一样上补习班；主题（3）是为了解决城市人群由于下班晚，没办法接送孩子的问题。

> **Tips**：使用公益行动法确定活动主题有利于树立企业的正面形象，在发起时要注意如下几点：主题要与企业相贴近，主题要大或有"梗"，活动要切实、实用。只有满足这三点，才能使活动有趣并吸引媒体的关注。

3.6 理念灌输法

这类活动主题也很常见，企业需要根据自身的特点发起一个灌输理念的活动，从而吸引更多的阅读者追随。那么，怎样使用理念灌输法拟定主题？笔者将进行详细阐述。

3.6.1 什么是理念灌输法

理念灌输法，即活动策划人员创作出一个理念，并将这个理念通过各种方法进行宣传，进而引导阅读者对这个理念产生兴趣，从而参与活动。

3.6.2 理念灌输法的优势

使用理念灌输法确定活动主题的优势如下。

（1）**便于树立企业形象**。自拟理念的方法能够让阅读者感受到策划人员的用心良苦，从而在无形之中树立企业认真、严谨、富于创新的正面形象。

（2）**营造前卫感**。由于是自拟理念，因此一般都比较新颖，这就在无形之中给了阅读者一种前卫感，让阅读者能够察觉到策划人员的用心，进而最大限度地吸引更多的阅读者参与活动。

（3）**增强互动**。策划人员在将理念灌输给阅读者的同时，也会与阅读者产生互动，从而促使阅读者参与活动。

3.6.3 使用理念灌输法的惯用撰写思路

笔者总结了如下理念灌输法的惯用撰写思路。

（1）找出企业主打方向/主营产品。

（2）根据主打方向/主营产品来进行创作。

（3）将所创作的理念宣传出去。

需要注意的是，理念灌输法没有固定模式，给阅读者一个需要做某件事的理由即可。在一般情况下，理念灌输法有如下后缀/前缀：××行动、××为自己、××者联盟、为爱××、为了明天×××等。

3.6.4 使用理念灌输法应注意的问题

使用理念灌输法应注意的问题如下。

（1）**理念要与企业相关**。创作的理念一定要与企业息息相关，这样阅读者才能够在第一时间接收到信息，从而最大限度地记住品牌和活动，进而选择购买和参与活动。

（2）**理念要简单易懂**。创作的理念一定要简单易懂，这样阅读者才能最大限度地接收到信息，进而参与活动。

（3）**理念要足够新颖**。既然是自拟理念，就一定要足够新颖。只有这样，才能够激发年轻用户的好奇心，吸引当下及未来的主流购买人群参与活动并进行购买。

3.6.5 案例：以素食餐厅为例解析理念灌输法

张经理经营着一家素食餐厅，现有一批新菜品需要推广，于是他想发起促销活动，但现在并不是节假日，公司近期也没有特殊动态。为此，他非常着急，不知道该如何确定活动主题。如果你是张经理，你会如何确定活动主题呢？

根据上面案例的背景资料可知，张经理经营的是一家素食餐厅，那么他的新菜品也一定是素食菜品。所以，你在思考活动主题时应该往素食、低碳生活、素食排毒、轻食等方面靠。张经理的活动主题示例如下。

1. 素食者联盟

毕竟现在素食主义者并不多，因此我们便可以以"素食者联盟"为主题发起活动，从而使阅读者在第一时间明白参与本次活动的都是素食爱好者，进而产生兴趣，加入活动，认识更多的素食主义者。

2. 请给饭桌添点绿

这样的倡议旨在告诉阅读者素食的好处，让阅读者形成每餐饭桌上必有素食的习惯，进而养成吃素食的饮食习惯。

3. 双休素食日，排毒更养心

这样的主题旨在引导阅读者将双休日变为素食日，利用吃素食的方法修身养性，同时给自己的身体排毒。

> **Tips**：理念灌输法需要策划人员将自己创作的理念与企业/产品进行融合，从而引导阅读者跟随企业，认可产品。当然，在使用理念灌输法确定主题时，一定要考虑到如下三点：理念要与企业相关，理念要简单易懂，理念要足够新颖。

3.7 团建竞赛法

当我们不知道该如何确定活动主题时，不妨试试团队建设及竞赛的方法，这既能够使阅读者感到眼前一亮，又能够使其感受到企业氛围。因此，这种方法常见于企业内部的活动中。

3.7.1 什么是团建竞赛法

团建竞赛法，顾名思义，就是企业以团队建设和竞赛的名义发起活动。在撰写这类活动主题时，我们应该明确企业的特色和竞争力，以及主打产品的情况。只有这样才能够使活动变得有趣，同时能够使参与者记住企业。

3.7.2 团建竞赛法的优势

使用团建竞赛法确定活动主题的优势如下。

（1）吸引力强。这类主题可以明确地告诉阅读者企业要做什么，从而使阅读者可以对企业要做的事情一目了然，进而在第一时间选择参与或不参与，吸引力很强。

（2）拉近企业与阅读者的距离。因为这类主题已经明确地告诉阅读者企业是需要进行互动的，所以阅读者一旦产生兴趣，就会立即加入进来。这样就拉近了企业与阅读者的距离，进而使阅读者对企业产生好感。

3.7.3 团建竞赛法的主题撰写模板

笔者总结了以下两种团建竞赛法的主题撰写模板。

1．×××等你来挑战

这类主题一般常见于娱乐服务业的营销活动，目的是吸引相同爱好者来进行挑战，从而使阅读者在参与的过程中记住企业。

2．××人，一起为××而战

这类主题一般常见于企业的内部活动中，目的是激发企业内部员工的认同感与归属感，进而朝着同一目标前进。

3.7.4 使用团建竞赛法应注意的问题

使用团建竞赛法应注意的问题如下。

（1）语言要有吸引力。拟定这类活动主题时，语言要具备一定的吸引力，烘托出团队建设或挑战的气氛，从而使阅读者在无形之中感受到力量，进而增加认同感和想要进行挑战的动力。

(2) **要与企业相关**。挑战的内容一定要与企业相关。比如，企业的产品是啤酒，就可以发起"千杯不醉"的挑战。再如，企业的产品是景区，就可以发起"景区徒步走"等挑战。总之，挑战一定要与企业相关，这样才能够使阅读者在参与的同时记住企业。

3.7.5 案例：以旅游公司为例解析团建竞赛法

刘经理是景区 A 的运营经理。景区 A 的特色景点有：3 000 平方米的人工湖，万米长廊，超大儿童水上乐园。现在又到了游园淡季，刘经理想在景区内搞一次活动，吸引附近的人来参与，但他不知道如何确定活动主题。如果你是刘经理，你会如何确定活动主题呢？

根据上面案例的背景资料可知，景区内拥有三大特色景点：3 000 平方米的人工湖，万米长廊，超大儿童水上乐园。于是，我们便可以根据这三大景点发起活动，主题如下。

- 环湖竞跑比赛。
- 环湖/长廊 PK 赛。

Tips： 在使用团建竞赛法确定活动主题时，一定要烘托出比赛/团队建设的气氛。只有这样，阅读者才能够在第一时间感受到活动氛围并产生共鸣，进而对企业产生认同感，对活动产生兴趣，并选择报名参与。

3.8 开会展览法

现代企业主会经常参加各种社团和研讨会，其目的是开拓人脉。行业的领军人物/企业也会时常发起一些行业交流会议。那么，企业这样做有哪些优势呢？笔者将针对这一问题进行详细阐述。

3.8.1 什么是开会展览法

开会展览法，顾名思义，就是以开会和举办展览的名义来发起活动，将其作为活动主题，吸引行业的领军人物/企业来参与，从而起到行业交流、互通有无、提升曝光度的作用。

3.8.2 开会展览法的优势

使用开会展览法确定活动主题的优势如下。

（1）**提升品牌曝光度**。既然企业是会议/展览的主办方，就意味着从宣传、发起、执行，再到结束，全程都有主办企业的名称出现。这就在无形之中提升了企业的曝光度，让所有与会个人/企业都能够记住企业，从而加深企业在大众脑海中的印象。

（2）**树立权威**。企业的实力决定了企业能够吸引到什么样的个人或企业。如果企业能够成功地举办一次这样的活动，吸引百家企业参与，也就意味着企业拥有一定实力，这就在无形之中为企业树立了权威。

3.8.3 开会展览法的主题撰写模板

笔者总结了以下几个常见的使用开会展览法的主题撰写模板，供大家在日常工作中参考使用。

1. 企业名称+第×次+××交流会

这类活动主题比较常规，需要写明企业名称，"×"写明企业举办了多少次这样的活动，"××"是交流会的主题，如炊具、图书等，与行业或企业的产品相关即可。

2. 企业名称+×季+××交流会

"×"写明季节，"××"写明活动主题。这类活动主题旨在让与会人员记住企业，同时让大众了解企业的实力，告诉所有人，企业每个季节都会举办交流会，从而树立企业严谨、实力雄厚的形象。

3. 品牌名+活动主题

这类主题比较灵活多变，前面的品牌名主要是这次活动的冠名商，而后面的活动主题才能体现本次活动的宗旨，如×××车模展览会等。这类主题的展会一般规模比较大。

3.8.4 使用开会展览法应注意的问题

使用开会展览法应注意的问题如下。

（1）**注意与企业的相关度**。这类主题的活动一定要与企业相关，这样才能提升企业的品牌认知度，让大众一看到活动就会想到企业。如果相关度不大，则容易造成大众的认知错位。

（2）**注意活动规模**。使用开会展览法确定活动主题的重点在于通过活动树立企业权威，所以一定要注意活动规模。每次活动至少要有一百家企业入驻，千万不要拼凑几十家企业就以展会的名义发起活动，那样只会弱化企业的品牌形象。

3.8.5 案例：以饺子店为例解析开会展览法

王经理经营着一家饺子店，最近他发现店铺的经营状况不尽如人意，而且他还发现本市其他饺子店的经营状况也不太好。因此，他希望发起一次活动，让市民了解饺子与花样饺子，从而激发大家吃饺子的兴趣，进而扩大品牌影响力。但问题是，王经理不知道该如何拟定活动主题。如果你是王经理，你会如何拟定活动主题呢？

根据上面案例的背景资料可知，王经理想要发起一次活动，让市民了解饺子与花样饺子。所以，王经理的活动可以拟定如下主题。

- ××饺子馆，×市花样饺子嘉年华。
- ××饺子馆花样饺子博览会。

> **Tips**：在以开会展览法确定活动主题时，一定要注意与企业的相关度，以及活动的规模等因素。这样才能够最大限度地起到宣传品牌的作用——通过活动增强企业的辨识度，进而使更多的人了解并记住企业。

3.9 讲座授课法

如果企业不想搞促销，又没有节假日可供营销和推广，那么笔者将推荐一种方法——讲座授课法，让企业轻松吸引高端客户并被大众所熟知。

3.9.1 什么是讲座授课法

讲座授课法，顾名思义，就是企业通过举办讲座对大众进行义务宣讲的方式来吸引更多的意向客户关注，进而树立企业权威、专业的正面形象。在一般情况下，讲座授课法分为两种：外聘专家授课，企业高层亲自授课。

3.9.2 讲座授课法的优势

使用讲座授课法确定活动主题的优势如下。

（1）树立专业度。这类活动的主讲人一般都是某一领域的专家。无论是外聘专家授课还是企业高层亲自授课，都彰显了企业的实力，因此更便于企业树立专业形象。

（2）增加客户逗留时间。众所周知，参与这类活动，需要静下心来去听课，这就在无形之中增加了客户的逗留时间——将客户锁定在活动现场，就增加了营销机会。

（3）便于二次营销。阅读者在参与这类活动的同时会对企业和产品拥有一定的认知度，因此，在讲座过后更方便企业进行二次营销。

（4）提升转化率。这类活动本身就是在解决问题，阅读者参与后会寻找解决办法，对产品产生一定的需求。如果这时候产品刚好出现，那么阅读者会下意识地去购买，这就在无形之中促成了转化。

3.9.3 讲座授课法的主题撰写模板

笔者对讲座授课法的主题撰写模板进行了如下总结，供大家在日后的工作中参考使用。

1．××+邀请××+××主题讲座

这是一种常规的主题撰写模式，目的是让与会人员对什么企业邀请了什么方面的专家，展开什么方面的讲座，能够从中获取什么知识一目了然。

2．×××+主题交流会

这种撰写方法比较多变，策划人员需要提前想好一个主题，然后通过这个主题吸引阅读者前来参与。注意：主题中不必填写嘉宾名字。

3.9.4 使用讲座授课法应注意的问题

使用讲座授课法应注意的问题如下。

（1）**主题要与企业相关**。活动主题要与企业有相关性，这样才能最大限度地让参与者记住企业，否则会造成参与者认知错位。

（2）**活动内容要亲民**。这类活动的内容一定要亲民，让参与者产生需求，从而使其静下心来去参加讲座活动。

（3）**简洁易懂**。无论选择以何种主题来发起活动，都要做到简单易懂，让阅读者对举办这次活动的目的，以及在活动中能够获取的知识一目了然。这样阅读者才能在第一时间获取到信息，进而参与活动。

3.9.5 案例：以物业公司为例解析讲座授课法

王经理经营着一家物业公司，现在想要通过发起活动来维系新老客户的关

系，营造园区温馨、和谐的环境。但是，他不知道该发起什么活动，也不知道拟定何种活动主题。如果你是王经理，你会如何进行操作呢？

根据上面案例的背景资料可知，王经理是一家物业公司的经理，他发起活动的目的是维系新老客户的关系，营造园区温馨、和谐的环境。那么，王经理在策划活动主题时就可以往家庭、邻里关系、居民生活等方面靠。

试问，在一个家庭中谁的受关注度最高？没错，一定是孩子。那么，王经理就可以以"关爱孩子成长/儿童心理健康"为主题，邀请心理学专家参与讲座。

> **Tips**：为了保证上座率，在使用讲座授课法确定活动主题时，活动内容一定要与参与者的生活息息相关，这样才能最大限度地激发参与者的需求，进而听完讲座。当然，发起的讲座也要与企业/品牌相关，从而增强参与者的认知度。

3.10 资源对接法

当企业需要资源置换，客户渴望通过企业圈的人脉来换取更多资源进行异业合作时，企业就会发起资源对接会。那么，资源对接会有哪些形式？主题又该如何拟定？笔者将针对这一系列问题进行详细解析。

3.10.1 资源对接法的优势

使用资源对接法确定活动主题的优势如下。

（1）互惠互利。这样的活动能够起到互惠互利的作用。参与者从中获取自己想要的资源，发展自身的无限可能性。这样，参与者才能够对品牌充分信任，进而持续关注企业。

（2）便于沟通。举办这类主题的活动，目的是将资源进行对接，从而更加有利于企业了解客户，同时也使客户更加了解企业，便于企业和客户之间互相沟通。

3.10.2 资源对接法的主题撰写模板

下面，笔者总结了一些资源对接法的主题撰写模板，供大家在日常工作中参考使用。

1．××企业××资源对接会

这是一种比较常见的主题撰写模式，旨在清楚地告诉大家企业举办了哪些资源对接会，进而吸引资源和要寻找资源的新老客户。

2．××会友，共融××

这样的资源对接会以相同爱好为主，吸引具有相同爱好的新老客户参与进来，参与者通过相同爱好结交良师益友，进行资源对接。

3．××主题交流会

这类资源对接会的主要目的是维系新老客户，旨在通过交流会让新老客户加深对企业的印象，同时通过交流会告知新老客户企业的最新销售策略，吸引新老客户进行转介绍。

3.10.3 使用资源对接法应注意的问题

使用资源对接法应注意的问题如下。

（1）限定门槛。这样的资源对接会一般都是基于熟人的，因此一定要设定好门槛，让阅读者在阅读主题时就能够了解到这次资源对接会的深意，进而吸引其参与，增强与会人员进行资源对接的渴望度。

（2）选好时间。对于这类资源对接会来说，时间是重中之重，一定要选择大家都比较空闲的时间。这样，参与者才能够静下心来，在交流会上认真交流，进而实现增进感情、资源对接。

（3）言之有物。资源对接会切忌形式化，尤其主题一定要给参与者一种言之有物的感觉，这样才能够真正吸引拥有资源、拥有对接需求的人群前来进行资源对接。

3.10.4 案例：以传媒公司为例解析资源对接法

王经理经营着一家传媒公司，年终，他想要通过资源对接的方式寻求合作机会，为完成下一年度的销售目标做准备。如果你是王经理，你会如何策划这次资源对接会呢？

根据上面案例的背景资料可知，王经理经营的是一家传媒公司，所以你需要思考的是传媒公司都需要什么资源。答案不难得出：想要进行品牌整合推广的实体企业，能够提供物料资源的支持企业。

那么，什么活动才能将大家聚在一起呢？答案很多，如酒会、资源洽谈会、旅游聚会、节目表演、聚餐等。

根据以上思考，王经理可以以年终酒会/年终答谢宴的名义发起活动，邀请想要进行品牌整合推广的实体企业、能够提供物料资源的支持企业及新老客户参加。那么，主题就可以拟定为"××公司新老客户年终答谢宴暨第××届资源对接交流会"。

此主题的第一个"××"代表公司名称，第二个"××"代表第几届资源对接交流会。

> **Tips**：在使用资源对接法确定活动主题时，一定要注意限定门槛、选好时间、言之有物。只有做好以上三点，才能够确保活动的顺利、有效进行。

3.11 结婚接吻法

在生活中，如果我们仔细观察就会发现，很多企业会在节假日期间以"集体婚礼""接吻大赛"等为主题来发起活动。企业这样做的目的是什么？这样做又有哪些好处呢？笔者将针对这一系列问题进行详细讲解。

3.11.1 什么是结婚接吻法

结婚接吻法，顾名思义，就是以集体婚礼或接吻大赛为主题来发起活动，进而烘托喜庆的气氛，同时起到宣传企业和品牌的作用。最重要的是，举办这类活动的费用一般全部由赞助方和主办方承担，因此多少带有一些公益的性质。

3.11.2 结婚接吻法的优势

使用结婚接吻法确定活动主题的优势如下。

（1）**烘托喜庆气氛**。这类活动一般都在节假日举行，因此更加有利于烘托节日的喜庆气氛，让参与者和围观者通过活动获得乐趣，进而对品牌或企业进行持续关注。

（2）**便于造势**。由于集体婚礼或接吻大赛都需要占用一定的场地，参与人数也比较多，因此更加便于企业制造声势，吸引媒体前来报道，从而有利于企业争取更大曝光，吸引大众眼球。

（3）**便于树立企业形象**。由于这类活动是由赞助方和主办方来出资举办的，因此更利于这些企业树立良好的形象，给人一种"履行社会责任、关爱普通群众、造福社会、回馈社会"的感觉，进而提升大众对企业的好感度。

3.11.3 结婚接吻法的主题撰写模板

下面，笔者总结了一个结婚接吻法的主题撰写模板，供大家在以后的工作中参考使用。

企业名称+主题名称+百人婚庆典礼/接吻大赛

注意：这里的"企业名称"是指主办活动的企业名称，"主题名称"是指活动的主题名称，最后缀上活动的属性（百人婚庆典礼/接吻大赛）即可。当然，这个模板也不是一成不变的，大家可根据实际情况进行调整。

3.11.4 使用结婚接吻法应注意的问题

使用结婚接吻法应注意的问题如下。

（1）**主题要健康**。结婚、接吻只是发起活动的一个噱头，活动主题要健康。切记不要因为博眼球而策划一些不健康的主题，否则会使阅读者感到不适，进而对企业产生不良影响。

（2）**提高与企业的相关度**。在策划这类活动时，一定要注意与企业的相关度，从而使阅读者能最大限度地记住企业。千万不要为了举办活动而举办活动，否则会造成阅读者对企业的认知错位。

3.11.5 案例：以婚庆公司为例解析结婚接吻法

张经理经营着一家婚庆公司，现在是结婚淡季，她想要通过发起活动的方式来对品牌进行宣传。但是，她不知道该选择怎样的活动形式和主题。如果你是张经理，你会怎样策划活动呢？

根据上面案例的背景资料可知，张经理经营的是一家婚庆公司，所以张经理可以以公益、关爱普通群众的名义发起百人婚礼活动。这既能够让大众在百人婚礼现场看到公司的实力，知道公司承办婚礼时的状态，又能够让大众记住张经理的婚庆公司。

此外，百人婚礼活动与婚庆公司的相关度很高，这会在无形之中提升转化率。在活动过后，如果关注过活动的人想要举办婚礼，那么会自然而然地想到张经理的婚庆公司。

> **Tips**：在使用结婚接吻法确定活动主题时，一定要传递正能量，确保活动内容健康，这样才能够起到树立企业形象的作用。当然，我们也要注意活动与企业的相关度。只有活动切实与企业相关，大众才能够将活动与企业联系起来，进而在日后有需求时想到该企业。

3.12 关爱孩子法

众所周知，在家庭中，孩子是重中之重。如果我们留心就会发现，现在很多企业也意识到了这一点，在发起活动时想尽办法与孩子挂钩。企业这样做是为什么呢？这样做有哪些好处呢？笔者将进行详细阐述。

3.12.1 什么是关爱孩子法

关爱孩子法，即活动策划人员将活动与孩子相挂钩，进而以关注孩子成长/身心健康的名义来发起活动，吸引众多家长来参与活动。当然，这类活动只适合产品/服务与孩子相关的企业，对于其他企业来说发起时还应谨慎。

3.12.2 关爱孩子法的优势

使用关爱孩子法确定活动主题的优势如下。

（1）树立品牌形象。与孩子相关的活动在一般情况下都是富于创意且非常温馨、柔和的，这就在无形之中树立了企业关爱下一代的形象，让大众觉得企业非常亲民。

（2）增强关注度。一提到孩子，家长都会重视，几乎没有家长会拒绝。因此，这就在一定程度上提升了大众的关注度，让家长们不由自主地参与活动。

（3）便于传递。要知道，现在人与人之间交流的话题，除工作、天气外，交流最多的就是孩子。因此，企业以关爱孩子的名义发起活动，更能给予大众谈资，使其不由自主地进行转发和传播。

3.12.3 关爱孩子法的主题撰写思路

笔者总结了一些关爱孩子法的主题撰写思路，供大家在今后的日常工作中参考使用。

1．学习方向

学习方向比较复杂，它并非单指学习成绩，还可以指智力开发、特长班、报考学校、英语学习等多个方面。我们在发起活动时，只需从这些方面中选取其中之一作为主题即可。

2．健康方向

孩子的健康牵动着每一位家长的心，我们在发起活动时可以以"关爱儿童健康"为主旨进行主题拟定。当然，"健康"也并不只针对疾病，我们还可以考虑饮食健康、心理健康、运动健康、精神健康、睡眠健康等方面。

3．亲子方向

随着孩子的成长，父母与子女之间的感情往往会变得微妙，很多家长会发现处于青春期的孩子在一般情况下并不会和家长交流心声。那么，作为企业，我们可以以此为主题来发起活动，教给家长们与孩子的相处之道。

4．兴趣选择

养成良好的兴趣爱好，不仅能提升孩子的个人素养，还能为孩子打造一个美好的前程。因此，企业在发起活动时，还可以以培养孩子的兴趣爱好为主题。

当然，针对孩子的话题远远不止以上几种，本节只针对常见问题进行简单汇总。在实操中，企业还需根据具体情况进行具体分析，切不可一味照搬。

3.12.4 使用关爱孩子法应注意的问题

使用关爱孩子法应注意的问题如下。

（1）言之有物。在使用关爱孩子法确定活动主题时，注意活动的内容要丰富，让参与者能从活动中切实获取一些知识，这样才能够使参与者记住并了解企业，进而对企业产生好感。

（2）贴近生活。这类活动需要无限贴近生活，只有阅读者在阅读完主题后感觉与自己的生活息息相关，才能够激发其参与活动的欲望。

(3) 简单易懂。 这类活动的主题需简单易懂，让阅读者对活动要做什么、从中能够得到什么一目了然。这样阅读者才能够对自身进行定位，从而确定是否参与。

3.12.5 案例：以早教机构为例解析关爱孩子法

柳经理经营着一家早教机构，主要业务是通过游戏的方式帮助儿童进行早期智力开发。但是，由于了解这个行业的人并不多，因此报名者寥寥无几。于是，柳经理想要在机构内召开一次义务宣讲活动，吸引家长为孩子报名。如果你是柳经理，你会如何拟定活动主题呢？

根据上面案例的背景资料可知，柳经理经营的是一家早教机构，主要业务是通过游戏的方式帮助儿童进行早期智力开发；他面临的现状是报名者很少。由此可以得知，目前能够意识到游戏对幼儿智力开发的重要性的家长很少，很多家长认为游戏和智力开发并无关系。所以，柳经理的活动主题示例如下。

- 玩儿到北大！
- 会玩，才会学！

> **Tips：** 在使用关爱孩子法确定活动主题时，一定要注意言之有物，还要注意贴近生活、简单易懂，这样才能够最大限度地引起共鸣。

3.13 兴趣同好法

现在有很多企业通过兴趣同好来发起活动，那么，这么做有哪些好处呢？下面笔者就针对这一问题进行详细解析。

3.13.1 什么是兴趣同好法

兴趣同好法，即以兴趣、相同爱好为主题，将具备相同爱好的人群聚集起来，进行交流和互动，进而扩展企业的人脉，进行资源对接和商业合作。

3.13.2 兴趣同好法的优势

使用兴趣同好法确定活动主题的优势如下。

（1）**筛选精准客户**。物以类聚，人以群分。高端人群一般都有品茶、打高尔夫球、鉴赏、收藏的爱好，而且有些爱好，诸如改装车等，是普通人根本无法接触到的。因此，我们在以兴趣同好法确定活动主题时，也就能在一定程度上筛选出精准客户。

（2）**拥有谈资**。如果我们想和德高望重的人成为朋友，那么我们首先要做的就是和他拥有聊得来的话题。因此，以兴趣同好法来确定活动主题，就给了参与人员一个建立联系的谈资，便于结交良师益友。

（3）**增加好感**。如果我们刚刚接触到一个企业或认识一个人，而这个企业或这个人与我们有共同点，那么我们会瞬间对其产生好感。同样的道理，以兴趣、相同爱好的名义发起活动，能够增加参与者对企业的好感，进而形成追随。

3.13.3 兴趣同好法的主题撰写思路

下面，笔者对兴趣同好法的主题撰写思路进行了总结。

- 确定主打方向/主营产品。
- 根据主打方向/主营产品拟定活动主题（敲定吸引什么样的相同爱好者来参与）。
- 释放活动主题，吸引相同爱好者参与。

这里需要注意的是，企业所吸引的相同爱好者一定是意向客户。如果你经营的是服饰企业，那么就应该吸引对时尚、服装设计感兴趣的人群；如果你经营的是化妆品企业，那么就应该吸引对美妆感兴趣的人群。

3.13.4 使用兴趣同好法应注意的问题

使用兴趣同好法应注意的问题如下。

（1）**与企业的相关度**。所吸引的人群一定是企业的意向客户，所以要注意使用兴趣同好法确定的主题与企业的相关度。只有二者相关，才能够使活动切实有效。

（2）**寻找熟悉领域**。作为活动的主办方，一定要对所发起的活动有一定的了解。比如，你发起了"二次元"文化主题活动，但你对二次元不够了解，就难免会造成贻笑大方的尴尬局面，从而使参与者感觉爱好被亵渎，进而对品牌失去好感。

3.13.5　案例：以书店为例解析兴趣同好法

王经理经营着一家书店，最近店铺内的客流量越来越少，于是王经理想要通过发起活动增加书店的客流量，但他不知道该拟定什么样的活动主题。如果你是王经理，你会如何拟定活动主题呢？

根据上面案例的背景资料可知，王经理经营的是一家书店，他想要做的是通过发起活动增加客流量。那么，接下来他要思考的问题就是买书/看书的人群都有哪些共同特征。

共同特征：喜欢安静，拥有浪漫主义情怀，喜欢品茶/咖啡。另外，王经理还要思考书店里的图书都有哪些门类，如少儿、科技、管理、历史、文化、旅游、各行业工具书……

所以，王经理的活动主题可以根据如下方向进行拟定。

- 各行业精英交流会（按照行业，邀请业内德高望重的前辈来书店进行经验分享）。
- 品茶/咖啡交流会。
- 影视/文创业内交流会。
- 旅行者交流会。
- 朗读爱好者交流会。

……

第 3 章 如何确定活动主题

Tips：在使用兴趣同好法确定活动主题时，一定要注意与企业的相关度，这样才能够确保活动效果。另外，作为活动的主办方，要对活动所涉及的领域有一定的认知，这样才能够与意向客户有共同话题，使其拥有良好的体验。

第 4 章

如何安排活动流程

在做好策划活动前的筹备工作，并确定好活动主题后，我们接下来要做的就是安排活动流程。我们应该如何合理地安排活动流程呢？本章，笔者将针对这方面内容进行详细阐述，帮助大家安排好活动时长、设置好活动内容等，使活动内容丰富有趣。

4.1 根据活动时间确定活动模块时长

如果你参与过大型活动就会发现，每场活动的活动模块各不相同，每个活动模块的时长也不相同。这是为什么呢？活动时间与活动模块的时长又有着哪些千丝万缕的联系呢？笔者将揭开这一系列问题的答案，帮助大家根据活动时间确定活动模块的时长。

4.1.1 活动模块时长的分解

在一般情况下，活动时间分为如下两种。

(1) **一整天（10:00—15:00）**。针对这样的活动，策划人员应该着重策划 10:20—11:00 和 13:20—14:00 这两个时间段，因为这两个时间段刚好是参与者到场的时间段，也是参与者精力最集中的时间段，同时是意向客户在逗留一段时间后最渴望得知企业的营销策略的时间段。因此，主办方应该在这两个时间段着重讲解营销策略，而在其他时间段可以穿插一些小节目、小表演。

(2) **半天（2～3 小时）**。针对这样的活动，主办方可以每半小时组织一次抽奖活动，同时，以半小时为限，针对产品进行宣讲，从而使后到场的人可以及时获取企业的营销策略等其想要了解的信息。当然，这并不是说营销策略需要半小时详细宣讲一次，而是要有主次：在活动的第一个半小时时间段内将营销策略进行详细讲解，其他的半小时时间段可以通过发放宣传单等进行略讲。

下面，笔者将上述内容整理成表格，供大家在日常工作中参考使用。

一整天（10:00—15:00）活动模块分解如下。

时 间 段	活 动 内 容
10:00—10:20	活动开场、热场表演
10:20—11:00	营销策略详解

续表

时　间　段	活　动　内　容
11:00—12:00	互动游戏
12:00—13:00	午休
13:00—13:20	下午活动热场
13:20—14:00	营销策略详解
14:00—15:00	互动游戏/表演

半天（2～3 小时）活动模块分解如下。

时　间　段	活　动　内　容
第 1 个小时	热场表演
第 2 个小时	营销策略详解
第 3 个小时	逼单、催单+现场表演

这里需要注意的是，半天活动模块一定要穿插抽奖活动，逢整点/每半小时一次，从而最大限度地延长参与者逗留的时间。

以上仅仅是根据活动时间所进行的最基本的活动模块时长的分解，策划人员还需要依据参与者的注意力情况，以及参与者的逗留情况，对模块内容及时长进行有针对性的调整。

4.1.2　图解活动模块时长的确定

要知道，参与者的注意力会随着活动时长的增长而递减，如下图所示。

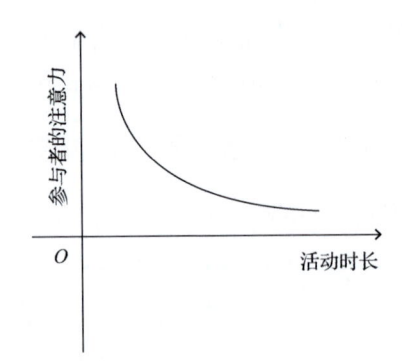

根据上面的坐标图，策划人员可以把热场表演时间与营销策略的宣讲时间进行微调：将热场时间缩减为 40 分钟左右，之后利用 20～30 分钟的时间来讲解产品及营销策略。这样做有两点好处：一是与参与者建立了感情，二是可以在参与者注意力较为集中的时候宣传企业/产品。

针对活动的沸点时间，策划人员也要进行有针对性的策划。在一般情况下，活动的沸点时间在活动临结束前的 20～30 分钟，主要设置抽奖/终极大奖的开奖、现场成交客户的回馈、老客户的回馈等环节。

4.1.3　案例：以奶业公司为例解析如何确定活动模块时长

王经理经营着一家奶业公司，他想要通过义演活动的形式进行促销。但是，他不知道该如何安排义演活动的时间及活动模块。如果你是王经理，你会如何安排义演活动的时间和活动模块呢？

根据上面案例的背景资料可知，王经理经营的是一家奶业公司，他想要做的事情是通过义演活动的形式进行促销。根据本节前面所讲述的内容，王经理可以初步将活动时间及模块进行如下设置。

- 活动时间：2 小时左右。
- 活动前 20 分钟：互动热场。
- 接下来的 40 分钟：奶制品发放及品尝，进行营销策略详解及互动活动。
- 第二个整点的前 30 分钟：互动表演。
- 最后 20 分钟：奶制品发放及品尝，进行营销策略详解及互动活动。
- 最后 10 分钟：现场成交奖励及逼单、催单。

Tips：本节所给出的仅仅是最基础的活动模块时长分解方法，若遇到具体问题还需要根据实际情况进行具体分析，切不可一味照搬。否则，只会造成参与者的不适，进而造成到场客户的流失。

4.2 根据活动目的确定活动内容

通过前文的介绍大家已经了解了如何确定活动目的，本节主要介绍如何根据活动目的来确定活动内容，以及什么样的活动目的应安排什么样的活动，进而方便大家在实际工作中挑选使用，策划出符合活动目的的精彩活动。

4.2.1 不同活动目的对应的活动内容

不同的活动目的都应安排怎样的活动内容呢？在这里，笔者将常见的活动目的和适合的活动内容汇总成一个表格，供大家在日常工作中参考使用。

常见的活动目的	适合的活动内容
促销回馈	舞蹈/歌舞表演 小丑杂耍 生日会/节日会 户外烧烤/聚餐 专业知识讲座 现场咨询答疑 打折 试吃/用
团队建设	信任小游戏（野外拓展、绑腿跑等） 真人CS 聚餐/去KTV等
客户维系	酒会 资源对接会 文化旅行 打高尔夫球
客户拓展	技术交流会 资源对接会 博览会
品牌塑造	公益活动（义务支教、义务社区服务等）
吸粉/增粉	新媒体活动

本节仅给出了常见的活动目的对应的活动内容，在实际操作的过程中应根据企业自身的情况对活动内容进行调整，切忌一味照搬。

4.2.2 确定活动内容时应注意的问题

确定活动内容时应注意以下问题。

（1）**活动内容要符合活动目的**。如果活动目的是团队建设，那么活动内容应该是一些信任小游戏、真人 CS 等，千万不要出现活动目的与活动内容不符的局面。

（2）**活动内容要与企业相关**。活动内容一定要与企业具备相关性，这样阅读者才能够在阅读完活动内容以后将活动与企业挂钩，否则，阅读者会产生认知错误，进而影响销售。

（3）**活动内容要新颖有趣**。活动内容要新颖有趣，这样阅读者才能够被活动所吸引，进而参与到活动中来。如果活动内容缺乏吸引力，显得无趣，那么阅读者便会对活动失去兴趣，进而放弃参与。

4.2.3 案例：以卤制品公司为例解析如何确定活动内容

王经理经营着一家卤制品公司，最近由于销售业绩不理想，他想要通过发起活动的方式来促进销售，让品牌被更多的人熟知，让更多的人对公司的卤制品产生信任感。如果你是王经理，你会以什么内容为主题来策划活动呢？

根据上面案例的背景资料可知，王经理想要做的事情是通过发起活动的方式来促进销售。由此得知，王经理的活动目的是增加销量，提升销售额。因为这家公司的主营产品为卤制品，所以王经理要思考的是该如何让更多的人对公司的卤制品产生信任感。王经理可以考虑设置试吃、打折促销、参观厂房等活动内容。

基于此，王经理的活动内容便可以设定为免费试吃、现场购买享五折优惠。王经理可在活动现场播放录制的厂房、制作流程的短片，让参与者在试吃的同时去观看，从而使参与者对产品的制作环境产生信任感，而试吃也能够使参与者对产品的质量产生一定的信任感。这样双管齐下，再加上现场购买可享五折优惠，还愁参与者不购买产品吗？

> **Tips**：在确定活动内容时，一定要与企业具备相关性，并迎合活动目的，同时还要注意活动内容的有趣程度和新颖度，这样阅读者才能够在阅读完主题以后产生兴趣，进而在第一时间选择参与活动。本节所给出的活动目的与活动内容对照表仅仅是依据常见情况做出的简单汇总，若遇具体问题还应根据实际情况进行具体分析，切忌一味照搬。

4.3 根据企业现状确定宣传方向

到底该如何确定企业当下的宣传方向呢？到底怎样才能得知企业当下的营销重点呢？本节就来进行详细讲解，告诉你如何根据企业现状确定企业当下的宣传方向。

4.3.1 如何确定企业的宣传方向

决定宣传方向的因素到底有哪些？策划人员如何根据这些因素来确定企业的宣传方向呢？下面笔者就来进行详细解析。

（1）**企业销售状况**。无论何时，企业销售状况都能够起到决定企业宣传方向的作用。在一般情况下，如果销售状况不理想，接下来的活动就应该以促进销售为主。这需要策划人员在营销策略、新老客户回馈上下功夫。

（2）**新产品上市情况**。如果近期企业内部有新产品需要打入市场，那么发起活动的目的应该以宣传新产品、拉动新产品的销售为主，即大力推广新产品。

（3）**企业近期的动态**。企业近期的动态决定了接下来发起的活动。如果企业近期参与了一些公益活动或业内活动，那么在宣传时应该结合企业的近期动态，将重点放在品牌宣传上。如果企业近期已经发起了促销活动，那么也要迎合企业近期的动态，将重点放在促销活动上。

（4）**企业的人力情况**。企业内部人员的配备也影响企业活动的发起。如果企业的员工数量有限，就应该避开需要诸多服务人员的活动，转而发起线上推广活动。如果企业内部的可用人员比较多，就可以将人员调动起来，发起地推、商超推广、商业街区路演等活动。

（5）**时代发展情况**。时代发展对企业活动的发起有着重要影响。如果近期流行新媒体、自媒体，那么策划人员就应该将这些考虑进来，在新媒体或自媒体上发起活动。这样，一来能够告诉新老客户企业是与时俱进的，二来还能够快速占领市场，在新媒体或自媒体上增加曝光量，吸引意向客户。

（6）**竞争对手的现状**。当然，在发起活动之前，策划人员还要针对竞争对手进行详细分析，进而根据竞争对手的现状，对企业进行宣传方向上的调整。如果行业内都在宣传品质，那么企业在发起活动时便也应该多宣传品质，告诉活动参与者自己企业产品的核心竞争力在哪里。当然，如果企业本身竞争力不够，那么也可以选择行业宣传盲区来进行宣传，这样能够使品牌在短时间内异军突起，迅速占领市场。

（7）**企业的核心竞争力**。核心竞争力是企业的宣传重点。比如，你的企业生产面膜，而同类企业都宣传不伤皮肤，那么你就要找到自己的企业具备而其他企业不具备的产品特点来进行宣传，从而使活动参与者记住你的品牌，并产生信赖感。

4.3.2　确定企业的宣传方向时应注意的问题

确定企业的宣传方向时应注意的问题如下。

（1）**摸清市场**。在确定企业宣传方向之前，一定要彻底摸清市场及行业现状，从而使宣传方向具有辨识度，让参与者在参与活动的同时了解并记住企业。

（2）**做好自评**。做好详尽的自我测评，可以确保企业正确的宣传方向。如果自我测评做得不够准确，活动参与者就很难搞清楚企业的宣传重点到底在哪里，必然不会对企业有任何印象，自然也就谈不上追随企业了。

4.3.3　案例：以体育用品公司为例解析如何确定企业的宣传方向

方经理是退役运动员，现在经营着一家体育用品公司，主营商品为男女运动服、男女运动鞋、各种球类和健身器械等体育用品。近期由于营业额不太理想，方经理计划通过发起活动的形式来提升营业额。但是，在确定宣传方向时，方经理犯了难，他不知道自己的主要宣传方向是什么。如果你是方经理，你会如何确定宣传方向呢？

根据上面案例的背景资料可知，方经理经营的是一家体育用品公司，他发起活动的目的是提升营业额。该公司的主营商品是男女运动服、男女运动鞋、各种健身器械等体育用品。

乍一看，方经理的体育用品公司确实没有什么亮点和竞争力，毕竟对于其主营的体育用品，只要有营业资质，谁都可以经营。那么，方经理的公司真的毫无竞争力可言吗？答案是否定的。

要知道，方经理是退役运动员，所以他对健身器械的保养、运动与健康、服饰舒适性与运动等方面的内容非常了解。毕竟，退役运动员能够专业地讲述这些内容。那么，方经理的体育用品公司就可以主推"最懂人们身体的体育用品"，可以依据购买者的需求、身体状态、运动承受能力等多方面因素为其推荐合适的体育用品。

> **Tips**：要确定宣传方向，企业的策划人员应依据企业销售状况、新产品上市情况、企业近期的动态、企业的人力情况、时代发展情况、竞争对手的现状、企业的核心竞争力等多种因素综合考量，千万不要闭门造车。在策划之前要搜集上述资料，这样才能够策划出符合企业现状、能够解决企业现有问题的活动。

4.4 根据媒介资源确定活动样式

在策划活动时，策划人员除需要想出富有创意的活动主题外，还需要依据现有媒介资源来确定活动样式。有些时候，企业的现有媒介资源也能够决定活动的成功与否。本节将针对这一部分内容进行详细阐述。

4.4.1 企业现有媒介资源能够确定活动样式的原因

在新媒体时代，流量通常意味着销量，现代企业的宣传往往都离不开大V、媒体等的支持。那么，企业拥有多少大 V 资源、拥有多少广告位资源、能够吸引多少媒体为其进行免费报道，就成了企业发起的活动能否成功的关键。企业在发起活动后，如果能够通过媒介资源进行宣传，就会制造出一些声势，甚至产生轰动效应。反之，即便发起的活动很有趣，如果没有媒介资源的支持，那么影响力也不会太大。

4.4.2　企业该如何根据现有媒介资源确定活动样式

企业到底该如何依据现有媒介资源来确定活动样式呢？在这里，笔者依据实操经验将媒介资源分为两大类，即线上媒介资源和线下媒介资源。

（1）**线上媒介资源**。如果企业拥有论坛、贴吧、新媒体大 V、B2B 平台广告位等线上媒介资源，就可以发布微博活动、微信活动等新媒体活动。当然，如果企业拥有新闻媒体资源，那么也可以发布一些品牌宣传活动来树立企业形象，如发布公益活动等。

（2）**线下媒介资源**。如果企业只拥有户外广告、电视广告、楼宇广告等线下媒介资源，就可以发布一些诸如店面活动、会展、促销等可以直接拉人到店参与的线下活动。

在这里，笔者总结了一个媒介资源与适合的活动样式的对照表，供大家在日常工作中参考使用。

媒 介 资 源	适合的活动样式
新媒体大 V	新媒体活动
B2B 平台广告位、新闻媒体	品牌宣传活动
户外广告、电视广告、楼宇广告	店面活动、会展、促销

4.4.3　案例：以食品公司为例解析如何确定活动样式

王经理经营着一家食品公司，最近他想发起一次促销活动。其手上的媒介资源有大 V 账号、门户网站广告位、新闻媒体发稿等。如果你是王经理，你会如何确定活动样式呢？

根据给出的案例资料可知，王经理拥有的媒介资源是大V账号、门户网站广告位、新闻媒体发稿等，于是可以得出王经理拥有的都是线上媒介资源。那么，王经理就可以依托线上平台发布一个新媒体活动，进而将所有线上媒介资源利用起来，对活动进行宣传。

> **Tips**：根据媒介资源确定活动样式，只是一种简单的确定活动样式的方法。本节也仅仅是笔者依据过往实操经验，针对常见情况进行的简单汇总。若遇到具体问题，大家还需要针对现实中所面临的问题进行具体分析，切不可一味照搬。

4.5 根据嘉宾及团体情况设定致辞环节

在活动中，常常少不了致辞环节，那么致辞环节到底该如何设定？怎样安排致辞顺序才是正确的呢？本节就针对这一系列问题进行详细解析，帮助大家快速设定致辞环节，让所有来宾都满意而归。

4.5.1 致辞环节的设定规则

在一般情况下，致辞环节的设定规则如下。

（1）从小到大。从小到大，即嘉宾致辞时依据嘉宾的社会影响力，从小到大依次发言，重磅嘉宾最后出场，从而增加参与者的期待感，保证参与者对活动的关注度。

（2）从大到小。从大到小，即嘉宾致辞时依据嘉宾的社会影响力，从大到小依次发言。这样做能够让参与者在活动一开始就感受到企业的实力——通过重磅嘉宾烘托出活动的火爆气氛。但是，这样做的弊端是无法保证参与者对活动的关注时间。

（3）从远到近。这种设定规则在各种活动中都非常常见，即被邀请嘉宾率先发言，企业的领导者后发言，以突出企业对嘉宾的重视，同时，能够让参与者分清发言者的立场和与主办方的关系，进而选择对自己有价值的内容加以关注。

（4）大领导优先及殿后。这种设定规则在大型活动中非常常见，即让大领导在活动开始时进行致辞，在活动结束后进行总结，从而体现出领导的重要性。

4.5.2 设定致辞环节时应注意的问题

设定致辞环节时应注意如下问题。

（1）所有嘉宾都要照顾到。如果设定了嘉宾致辞环节，就一定要让所有嘉宾都有致辞的机会，千万不要因为时间问题而漏掉哪位嘉宾，否则会使嘉宾对企业产生不良印象。

（2）根据嘉宾的社会地位/身份设定发言时间。如果时间来不及，那么可以根据嘉宾的地位/身份对发言时间进行调整。如果所有嘉宾的发言时间都是一样的，那么也无法体现出重磅嘉宾的重要性。

（3）嘉宾介绍时不应夹杂个人情绪。无论主持人对邀请来的嘉宾是否喜欢，都不应该在介绍嘉宾时表露出任何情绪。无论介绍哪位嘉宾，主持人都应该保持微笑，用心介绍，让嘉宾感受到企业对其的尊重。

4.5.3 案例：以业内交流会为例解析如何设定致辞环节

王经理最近要举办一场机械行业技术交流大会，邀请到了机械专家王老师（50岁）、资深工程师李工（35岁）、新晋机械工程师小张（28岁）、跨国机械专家柳老师（29岁）。如果你是王经理，你会如何安排致辞顺序呢？

根据上面案例的背景资料可知，王经理邀请的嘉宾分别是机械专家王老师（50岁）、资深工程师李工（35岁）、新晋机械工程师小张（28岁）、跨国机械专家柳老师（29岁）。王经理可以根据嘉宾的社会影响力来进行排序：跨国机械专家柳老师（29岁）、机械专家王老师（50岁）、资深工程师李工（35岁）、新晋机械工程师小张（28岁）。

为了凸显对嘉宾的重视，王经理也可以将出场顺序设定如下。

① 跨国机械专家柳老师（29岁）。

② 资深工程师李工（35岁）。

③ 新晋机械工程师小张（28岁）。

④ 机械专家王老师（50岁）。

到这里，有人可能会比较疑惑：为什么跨国机械专家柳老师先致辞，而机械专家王老师最后发言呢？

其实，答案很简单，让跨国机械专家柳老师先致辞，是基于对年轻人的肯定，通过其新颖的思维，带动后面的嘉宾发言，起到抛砖引玉的作用；而让机械专家王老师最后发言，是对老专家的肯定，让其对前面的发言进行总结，使会议主题得到升华，体现本次会议更深层次的意义。

> **Tips**：如果活动中有两位重磅嘉宾，而你实在不知道该如何安排嘉宾的出场顺序，那么不妨根据年龄和社会影响力将重磅嘉宾放在首位和末位，这样同样能够起到重视嘉宾的作用。当然，依据嘉宾的社会影响力将嘉宾出场顺序设定为从小到大、从大到小、从远到近也是可以的。

4.6 通过模拟推演更改活动内容

在正式发起活动之前，企业还需要针对活动流程、活动场地等进行反复的模拟推演。企业这么做的目的是什么呢？为什么要在正式发起活动前进行模拟推演呢？笔者将揭开这一系列问题的答案。

4.6.1 模拟推演的优势

在正式发起活动之前，模拟推演的优势如下。

（1）**熟悉活动流程**。要知道，发起一个活动需要活动主办方、活动主持人、演员、灯光师、音响师等多方人员的共同配合。为了使各方人员都能明确自己负责的事务，在活动中有一个良好的表现，各方人员必须通过模拟推演的方式让所有人都熟悉活动流程。

（2）**确保万无一失**。活动在实际开展过程中，往往会出现或这样或那样的纰漏，模拟推演能够让活动中的纰漏提前暴露出来，从而给活动主办方留有充足的时间来解决这些问题，以确保活动在正式发起时不再出现纰漏。

（3）**确保活动落地**。有时候活动的策划人员认为能够轻松实现的事情，在实际的操作过程中可能很难实现。因此，为了确保活动落地，主办方有必要在活动发起前对活动进行预演，从而使所有创意都能够落地。

4.6.2 模拟推演时应注意的问题

主办方在活动发起之前进行模拟推演应注意如下问题。

（1）**注意观察**。主办方在进行模拟推演时一定要多加观察，不要放过活动中的任何一处纰漏。只有这样，才能够全方位地发现活动中存在的不足和问题，从而抢在活动正式发起之前全部处理掉。

（2）**要让各方人员都参与进来**。在模拟推演阶段，一定要让活动的各方人员都参与进来，千万不要漏掉任何一方人员。只有这样，才能够确保活动的各方人员都对活动流程有清晰的认知，进而确保活动顺利开展。

> **Tips**：在进行模拟推演时，一定要从全局出发，不放过任何一个细微的问题。只有这样，才能最大限度地规避活动过程中的突发事件。同时，活动的各方人员都要参与进来，这样才能确保活动的各方人员都能掌握活动流程，从而避免在正式发起活动时出现纰漏。

4.7 注意活动内容的主次穿插

在发起活动时，主办方要注意活动内容的主次穿插，让整个活动看起来主次分明、亮点突出。那么，到底该如何操作呢？如何安排活动内容才能够做到主次分明、亮点突出呢？接下来笔者针对这一系列问题进行详细阐述。

85

4.7.1 如何使活动内容主次分明

（1）**小节目穿插**。在一般情况下，企业的活动目的都是促销，这也就意味着在活动中企业都会讲解产品、释放最新营销策略。为了使活动内容主次分明，企业可以通过穿插魔术表演、歌舞等小节目的形式来突出主要活动内容，让参与者记住产品和营销策略。

（2）**时长区分**。在活动中，企业可以通过时长来突出活动的主要内容，将主要内容的时长设定得长一些，将次要内容的时长设定得短一些，从而使参与者能够清楚活动的主要部分在哪里。

4.7.2 使活动亮点突出的技巧

（1）**设立仪式**。在活动中，企业可以通过设立仪式的方式来突出活动亮点。比如，企业要突出关怀老客户这一亮点，就可以通过将多层蛋糕送给老客户、为老客户点亮生日蜡烛、企业高层为老客户发红包等多种形式将活动推向高潮。

（2）**突出高科技**。高科技是最吸引现代人的，如果在活动中有机器人登场、灯光魔幻秀、太空连线等让人眼前一亮的环节，那么也能够将活动推向高潮，进而突出活动亮点。

（3）**主持人渲染**。在活动中，主持人营造氛围也是非常重要的。如果在活动中主持人反复突出某一环节，那么也能够使参与者感受到活动的亮点所在。

4.7.3 案例：以老客户维系活动为例解析如何进行活动内容的主次穿插

赵经理是某楼盘的项目经理，现在他想通过发起活动的形式来维系与老客户的关系，从而促使老客户为楼盘进行转介绍。如果你是赵经理，你会如何安排这场主次分明、亮点突出的活动呢？

根据案例的背景资料可知，赵经理想要做的事情是通过发起活动来维系与老客户的关系，促使老客户为楼盘进行转介绍。那么，你接下来要思考的是，维系与楼盘老客户关系的活动的形式都有哪些？形式很多，如老客户转介绍颁奖会、老客户生日会、老客户冷餐会等。

所以，赵经理可以以"老客户转介绍颁奖会"为核心亮点发起活动，开始时以歌舞表演、魔术表演为铺垫，最后向为楼盘做转介绍的老客户颁奖，将活动推向高潮，同时，释放最新的转介绍/营销策略，吸引更多与会老客户为楼盘介绍客户。

> **Tips**：在策划活动时，一定要注意活动内容的主次分明、亮点突出，这样阅读者才能够最大限度地感受到活动的主题和亮点，记住企业传递的信息。当然，策划人员在对活动内容进行主次穿插设置时，也应该注意各活动模块之间的衔接，否则会给人以生硬感，影响参与者的体验。

第 5 章

如何选择活动地点

选址,是一个活动能够成功举办的关键。不同类型的活动对活动地点的要求也不尽相同。本章,笔者就依据实操经验,告诉你不同类型活动的活动地点到底该如何选择,进而让你在活动中选择合适的活动地点,使活动效果超出预期。

5.1 促销类活动地点的选择

针对促销类活动，策划人员首先要思考的问题是，大众到底在什么情况下能够产生购买欲望？答案一定是在有大量逗留时间的时候。那么，策划人员便可以依据大众的这一习惯来对活动地点进行选择。

5.1.1 举办促销类活动的常见地点

举办促销类活动的常见地点如下。

（1）商业街/步行街。一般人们在逛商业街/步行街时都有充足的时间，这时候人们的防备心理不会那么强，同时心情也是愉悦和放松的，对事物很容易产生兴趣和信任感。在这里进行促销活动能够很容易吸引到意向客户，而且一般被吸引过去的人的逗留时间都较长。加之，商业街/步行街的人流量很大，企业选择在这里举办活动能争取更大曝光度。

（2）商场/超市内。人们去逛商场/超市时，本身就带着购物的目的。那么，企业在商场/超市内进行促销活动，就起到了提醒人们来购买企业的产品的作用。因为这些人本身就有购买需求，而这时候企业又恰到好处地提醒他们来购买企业的产品，如果价位和质量都比较合适，那么这些人有很大概率选择购买企业的产品。

（3）小区里。人们在走进小区，即将回到家时往往是非常放松的。人们在卸下防备后，最渴望的就是享受生活。他们对生活充满了期待，这时候如果有人向他们宣传产品，告诉他们产品的好处，那么很自然就会促使他们购买。

5.1.2 为促销类活动选择活动地点时应注意的问题

为促销类活动选择活动地点时应注意的问题如下。

（1）人流量。人流量是决定一个活动能否成功举办的关键。如果选择的活动地点人流量大，就会很容易吸引到对产品有意向的人，进而促使其购买。相反，如果选择的活动地点人流量小，很可能就会出现活动无人问津的尴尬局面。

（2）购买者的心理因素。 购买者的心理因素也可以决定一个活动能否成功举办。如果选择的活动地点在公共汽车上，那么很显然，由于大家都在赶路，不会有人来关注产品。但是，如果选择的活动地点在商场/超市内，而逛商场/超市的人本就有购物需求，那么关注促销产品也是非常自然的事情，在此情况下，若产品各方面都合适，他们肯定会购买。

（3）物品摆放。 物品摆放问题也非常重要。如果选择的活动地点没有电源，也没有办法摆放产品，那么很显然，即便做了活动，宣传效果也不好——无法使参与者记住产品。

（4）受众人群。 在发起促销活动时，一定要将受众人群考虑进来，选择受众人群聚集的地方发起活动。比如，产品的受众人群是学生，就应该在高校中发起促销活动；产品的受众人群是白领，就应该在写字楼前厅、办公楼聚集的地方发起活动。

5.1.3　案例：以果品促销活动为例解析如何选择促销类活动地点

刘经理最近想要发起一个果品促销活动，但在活动地点的选择上犯了难，他不知道该如何选择活动地点才能够使活动效果达到预期。如果你是刘经理，你会将活动地点选在哪里呢？

根据上面案例的背景资料可知，刘经理想要发起果品促销活动。那么，接下来你要思考的问题是，什么人需要购买水果？没错，上班族、家庭主妇、老人等人群都需要购买水果，水果属于大众消费类。那么，大家在什么情况下会购买呢？一般是在回家之前去超市或水果店里购买。所以，刘经理就可以将促销活动地点设定在社区内、超市内或水果店内。

> **Tips：** 在选择举办促销类活动的地点时，一定要考虑到人流量、购买者的心理因素、物品摆放、受众人群这四大因素，从而使企业最大限度地吸引有购买意向的人群，进而促成购买。

5.2 会展展览类活动地点的选择

在举办会展展览类活动时，往往会伴随着各种突发情况，所以，在举办活动时，主办方需要考虑的问题很多。因为只有将所有细节都考虑到，才能够策划出一次完美的活动。那么，举办会展展览类活动时该如何选择活动地点呢？本节就来针对这一问题进行详细阐述。

5.2.1 举办会展展览类活动的常见地点

举办会展展览类活动的常见地点如下。

（1）**工业厂区**。一方面，一般工业厂区都有一片开阔地，可供成百上千家企业参展；另一方面，选择工业厂区来举办会展展览类活动，即便外面下着雨，也不必担心产品被淋湿等情况。而且，如果活动现场出现意外情况，因为场地开阔，参展人员可以及时隔离、及时撤出。

（2）**艺术园区**。在一般情况下，会展展览类活动都有自己的个性化主题，而选择艺术园区举办活动，就恰好迎合了会展展览类活动的主题，使活动具有一种独有的文化韵味。

（3）**展览馆**。很多展览馆都有很大的场地可供参展企业参展。同时，展览馆的名字也恰好与会展相呼应，能够让大众感受到活动的专业度和严谨度。

（4）**郊外开阔地**。在这样的地点举办会展展览类活动能够让参与者尽可能地放松下来。这样，参展企业便有机会为参与者讲解、灌输品牌知识，进而使参与者在心情愉悦的情况下完成购买，留有一次良好的购物体验。

5.2.2 为会展展览类活动选择活动地点时应注意的问题

为会展展览类活动选择活动地点时应注意如下问题。

(1)**地点要迎合主题**。主办方所选择的活动地点一定要迎合活动的主题。比如，举办画展，要将活动地点选在艺术园区；举办车展，要将活动地点选在展览馆或郊外开阔地。总之，活动地点要给参与者一种舒服的感觉。

(2)**注意通道畅通**。在会展展览类活动中，安全问题是重中之重。因此，主办方有必要为突发事件预留通道，让参展者与购买者可以顺利撤离。这样，主办方才能够确保在出现突发情况时应对自如，不至于出现恶性事件。

(3)**参与者的交通问题**。举办会展展览类活动，一定要注意交通问题，让参与者能够顺利到达活动地点。这样才能够使对活动有兴趣的人都到场参与。如果活动地点交通不便，则很难吸引参与者前去，进而使活动效果不尽如人意。

5.2.3 案例：以书画展为例解析如何选择会展展览类活动地点

吴经理最近要举办一场书画展，他想通过书画展吸引更多对图书和名画感兴趣的人参与进来，一起交流，同时，售卖图书及名画。如果你是吴经理，你会将这场书画展的地点选在哪里呢？

根据上面案例的背景资料可知，吴经理想要举办一场书画展，吸引更多对图书和名画感兴趣的人参与进来，一起交流，同时，售卖图书及名画。那么，你接下来需要思考的问题是，对书画感兴趣的人群一般都会待在哪里呢？没错，就是图书馆、艺术园区。

所以，吴经理的书画展举办地点可以选在图书馆内的某个大厅或艺术园区内。

> **Tips**：在为会展展览类活动选择地点时，一定要注意活动主题与地点的契合度，同时还要为突发事件预留一条通道，以及注意参与者的交通问题。这样才能确保活动当天有足够的意向客户前来参与，同时很好地应对活动中出现的突发事件。

5.3 分享讲座类活动地点的选择

在日常生活中,我们很容易看到分享讲座类活动,每场活动的地点不尽相同。那么,针对这类活动,到底该如何选择活动地点呢?怎样选择活动地点才能确保活动的顺利进行呢?本节就针对这一系列问题进行详细阐述。

5.3.1 举办分享讲座类活动的常见地点

举办分享讲座类活动的常见地点如下。

(1)咖啡厅。咖啡厅不用多说,企业选择在这里举办分享讲座类活动能够让参与者放松下来,倾吐心声,从而拉近主讲人与参与者的距离,进而最大限度地让参与者记住企业。

(2)书店。近年来,一些私营特色书店也成为分享讲座类活动的聚集地。在书店里,参与者能够感受到一种轻松的氛围,进而放下心理防备,排除杂念,静心聆听主讲人的话语。同时,这样能够最大限度地起到令参与者记住企业的作用。

(3)写字间/酒店。写字间和酒店有异曲同工之妙。企业选择在这些地方发起活动,能够在无形之中提升企业形象,树立企业严谨、大气、专业的形象,进而使活动的参与者拥有良好的与会体验。

5.3.2 为分享讲座类活动选择活动地点时应注意的问题

为分享讲座类活动选择活动地点时应注意如下问题。

(1)环境要安静。分享讲座类活动,需要主讲人与参与者拥有心灵上的共鸣和沟通,这就需要活动的参与者在安静的环境中集中注意力来听讲。因此,会场务必保持安静。

(2)场地硬件设施要完备。举办分享讲座类活动,一定要注意活动场地的硬件设施,主办方应提前对活动场地的硬件设施进行有效调控和测试。只有这样,才能确保活动的顺利进行。如果没有提前对活动场地的硬件设施进行调试，那么很可能会出现诸如麦克风失灵等尴尬情况，进而影响参与者的体验感。

5.3.3 案例：以心理健康讲座为例解析如何选择分享讲座类活动地点

阮经理最近要举办一场心理健康讲座，主要讲解儿童心理健康问题，但他不知道选择怎样的活动地点。如果你是阮经理，你会将活动地点选在哪里呢？

根据上面案例的背景资料可知，阮经理想要举办一场儿童心理健康讲座。因此，阮经理在选择活动地点时就应该考虑到"儿童"这个因素，选择家长和孩子经常出入的地方。

所以，阮经理这次心理健康讲座的地点可以选择少年宫、儿童培训机构、学校或咖啡厅。

> **Tips:** 在为分享讲座类活动选择地点时，一定要注意两大方面：环境要安静，场地硬件设施要完备。这样才能够使参与者静下心来，聆听主讲人所讲述的内容，进而确保良好的活动效果。

5.4 团建竞赛类活动地点的选择

团建竞赛类活动也是常见的活动类型，那么这类活动的地点该如何来选择呢？本节就针对这一问题进行详细阐述。

5.4.1 举办团建竞赛类活动的常见地点

举办团建竞赛类活动的常见地点如下。

（1）水上。很多水上项目，如赛艇、划船等都需要多人配合才能完成，尤其在遇到突发事件时，就更加需要团队成员齐心协力，这样才能够使所有人都不掉队并顺利上岸。在游乐与危机处理过程中，团队成员会越来越熟悉，这样更加便于团队成员的磨合。

（2）**军营**。军营几乎是所有大企业进行团建必去的一个地方。在必须服从指挥、整齐划一的环境里，团队成员之间能够加速了解，形成互补，共同完成最终的培训目标。

（3）**景区**。景区也是大企业团建必去的地方之一。去景区的主要目的是使团队成员互相了解，换个地方静下心来倾吐心声，以便于大家在日后的工作中坦诚相见。

（4）**体育场**。对于大企业来讲，体育场也是不错的团建场地。比如，可以以项目为单位，也可以以部门为单位，举办运动会。在一声声加油呐喊中，团队气势与凝聚力能够被瞬间"点燃"，有利于大家在日常工作中相互配合。

（5）**公司内**。公司是员工办公的地方，但其实也是最适合进行团建的地方。企业可以选择节假日或某些特殊时期在公司内组织团建活动，帮助新员工更快地熟悉工作环境。

5.4.2　为团建竞赛类活动选择活动地点时应注意的问题

为团建竞赛类活动选择活动地点时应注意如下问题。

（1）**场地要开阔**。因为团建竞赛类活动一般都有多人参与，所以在选择活动地点时一定要选择开阔的场地，以同时让几百人一起参与活动为妙。这样才能确保团建竞赛类活动的顺利开展。

（2）**要制造困难**。试问，人在什么情况下才能够毫无保留地依靠别人、信任别人？没错，一定是在面临困难的时候。因此，在举办团建竞赛类活动时，主办方可以刻意制造一些困难，让参与者能够有一种"同甘共苦，患难与共"的感觉。这样才能够确保团建竞赛类活动达到预期目的。

（3）**要适合交流**。主办方也要选择适合交流的场所进行团队建设，能够让所有参与者在参与活动之余静下心来，说出自己的真实感受。这样才能够起到交心的目的。

（4）邻近医疗场所。在开展团建竞赛类活动时难免会遇到磕磕碰碰或中暑等问题，因此，主办方需要选择邻近医疗场所的地方来开展活动，以确保遇到突发事件时伤者能在第一时间得到有效医治。

5.4.3 案例：以某运输公司的团建活动为例解析如何选择团建竞赛类活动地点

小王是某运输公司的总经理，他发现公司里有些部门人员因为误会产生了隔阂，现在他想要为公司员工举办一次团建活动，从而消除部门人员之间的误会，增强团队的凝聚力。但他不知道在哪里进行团建活动比较合适。如果你是小王，你会怎样选择团建地点呢？

根据上面案例的背景资料可知，小王想要通过团建活动使部门人员消除误会。那么，你接下来需要思考的就是，到底人在怎样的情况下才能够凝聚在一起呢？这里有两个场地可供选择：军营和野外景区。

军营：通过军训及小游戏，在过程中增加困难，促使大家寻求帮助，进而使大家互相了解，消除隔阂。

野外景区：可以通过自驾的方式到景区旅游。在自驾旅游的途中，员工们需要互相依靠、齐心协力，以确保平安归来。尤其在恶劣的环境中，大家一定会进行交流，这样团队的隔阂就会被最大限度地消除。

> **Tips：** 在为团建竞赛类活动选择活动地点时，一定要注意场地的开阔度，要让所有参与者都能够有足够的活动范围。同时，由于参与团建竞赛类活动难免会出现磕磕碰碰的情况，因此在选择活动地点时一定要注意与医疗场所的距离，尽量选择距离医疗场所较近的地方开展活动，这样才能够确保参与者的人身安全。

5.5 儿童成长类活动地点的选择

很多企业都会以儿童成长的名义来发起活动。当然，这类活动的主办方在选择活动地点时会非常讲究。本节就来讲述儿童成长类活动地点的选择方法。

5.5.1 举办儿童成长类活动的常见地点

举办儿童成长类活动的常见地点如下。

（1）**青少年宫**。家长一般都会带孩子去青少年宫，因此，在这里发起活动就相当于在意向客户身边发起活动，活动效果会非常好。

（2）**学校**。学校是学生学习的地方，而且学校在孩子和家长心中拥有绝对权威的地位。因此，在学校发起儿童成长类活动，就相当于学校默认了企业的行为对孩子有益，这更加便于企业开展营销活动。

（3）**培训机构**。在培训机构发起的活动，一般都是针对老学员而言的。为了使已报名的孩子续费学习，培训机构就会发起活动，通过优惠的价格将学员稳定住。

（4）**社区**。这是比较讨巧的一个活动开展地点。社区里每天都有很多家长带着孩子溜达，而上学的孩子每天也都会回到社区。企业在这里开展活动就相当于锁定了海量客户资源，不仅能够使意向客户有足够的时间来了解，而且能够抓住意向客户，从而为企业的销售做好铺垫。

（5）**游乐园**。在游乐园发布开展的企业一般都是儿童娱乐类企业。因为家长带孩子来游乐园是为了消遣娱乐，这时候如果看到更有意思的活动，家长和孩子就会瞬间产生兴趣，并选择择日去体验。

5.5.2 为儿童成长类活动选择活动地点时应注意的问题

为儿童成长类活动选择活动地点时应注意如下问题。

（1）**安全性**。对孩子来讲，安全永远是第一位的。所以，选择的活动地点一定要绝对安全，千万不能存在任何安全隐患。否则，家长和孩子会对企业产生负面印象，进而不再相信企业。

（2）**提前沟通**。如果将活动地点选在青少年宫、学校、社区等地方，那么一定要提前和场地的提供者商定好，从而避免出现在活动进行到一半时被相关管理人员清场的尴尬情况，那样会让围观的家长与孩子对企业产生不良印象，有失企业的权威。

5.5.3 案例：以婴儿奶粉公司的推广活动为例解析如何选择儿童成长类活动地点

夏经理经营了一家婴儿奶粉公司，现在他想要通过发起活动的形式来推广自己的婴儿奶粉。但是，他在选择活动地点时犯了难，不知道该在哪里举办活动。如果你是夏经理，你会在哪里举办活动呢？

根据上面案例的背景资料可知，夏经理想要通过发起活动来推广自己公司的婴儿奶粉。那么，你接下来应该思考的是，有购买需求的人都在哪里？很显然，在社区、健身中心、写字间。

所以，夏经理就可以将活动地点设定在社区、健身中心、写字间等地方。

社区：无论是准妈妈还是新手妈妈，都会待在家里休养，而休养不可能每天都待在屋子里，但这部分人又不可能出远门。因此，企业将活动地点选在社区，就相当于将产品送到了意向客户身边，大大提高了购买率。

健身中心：很多宝妈在生产过后都会去健身中心做专业的身体恢复训练。因此，夏经理也可以通过与健身中心合作来举办活动，将活动地点设定在健身中心。

写字间：无论是宝妈还是宝爸，都需要上班，那么夏经理就不妨与写字间合作，在写字间发起活动，吸引年轻父母来购买。

> **Tips**：在为儿童成长类活动选择活动地点时，一定要考虑到安全因素，要最大限度地规避意外和危险。当然，如果你选择在学校、社区等地方发起活动，那么也要提前与场地的提供者商定好，从而避免出现在活动中途被清场的尴尬情况。

5.6 宴会晚会类活动地点的选择

有不少企业会时常举办宴会和晚会活动，在选择活动地点时也显得非常讲究。那么，企业举办宴会晚会类活动到底该如何选择活动地点呢？在选择活动地点时又应该注意哪些问题呢？本节就来针对这一系列问题进行详细阐述。

5.6.1 举办宴会晚会类活动的常见地点

举办宴会晚会类活动的常见地点如下。

（1）**酒店**。酒店是企业宴请新老客户、维系与新老客户的关系的绝佳地点。在一般情况下，为了表示对被宴请者的尊重，企业都会选择星级酒店。这样既显得气派，又能够彰显企业的实力。

（2）**俱乐部**。有些俱乐部设有舞台，可以承办小型的晚会，因此，俱乐部也成了许多中小企业举办年会的绝佳选择。

（3）**体育馆**。近年来，随着舞台搭建技术的提高，很多企业也会选择在体育馆举办年会。这样更加具有代入感，能够使参与者感受到晚会的氛围。

（4）**度假区**。有很多具备相当实力的企业也会选择在某个度假村来举办宴会或年会，从而使参与者不仅能够欣赏到郊外风光，而且能够放松身心，与人愉快交流。

5.6.2 为宴会晚会类活动选择活动地点时应注意的问题

（1）**场地的档次**。要知道，企业举办宴会或晚会的目的是彰显企业实力、拉拢新老客户，所以企业有必要在选择活动地点时注意活动场地的档次，可以选择一些知名的场地，或者硬件设施比较健全和现代化的场地，这样才能够起到树立企业形象的作用。

（2）**场地的私密性**。企业举办宴会或晚会，在选择活动地点时一定要注意场地的私密性，这样才能够有利于参与者互相交流和维系感情。如果未被邀请的人也能够随便出入宴会或晚会场地，就会造成活动人流的混乱，从而给参与者一种非常不好的体验。

(3) 注意消防及逃生设施。一般的宴会或晚会场地都有非常健全的消防及逃生设施，这样当活动中出现突发事件时，能够第一时间予以解决或将人员疏散。如果企业在选择活动地点时不注意这一方面，当突发事件来临时，就会措手不及，从而给参与者留下不良印象。

5.6.3 案例：以老客户维系宴会为例解析如何选择宴会晚会类活动地点

眼看这一年即将过去，某大型传媒公司的方经理想要通过年终宴会来维系与新老客户的关系，以促进下一年度的合作。但是，他不知道将宴会地点选在哪里比较合适。如果你是方经理，你会将宴会地点选在哪里呢？

根据上面案例的背景资料可知，方经理经营的是一家大型传媒公司，他想要通过年终宴会来维系与新老客户的关系。那么，接下来你需要思考的是，什么场地才能够配得上大型传媒公司经理的身份？没错，那就是星级酒店。

但是，作为大型传媒公司的经理，方经理还要考虑文化底蕴这一方面。因此，将宴会地点选择在知名风景区的度假村比较合适，这样文化底蕴、食宿条件都被彰显出来了，从而让每位参与者都感受到方经理的实力与内涵。

> **Tips：**在为宴会晚会类活动选择活动地点时，不仅要考虑到活动地点的华丽程度，而且要将文化底蕴、主办方的文化内涵考虑进去。这样才能让参与者在参与活动的同时感受到发起者/企业的文化内涵，进而被发起者/企业的魅力、文化底蕴所征服。

5.7 品牌推广类活动地点的选择

在日常生活中，我们不难发现，有些企业会进行快闪等活动，以出其不意的方式出现在我们的生活中。那么，企业这么做的目的是什么呢？这么做又有哪些

第 5 章　如何选择活动地点

好处？举办品牌推广类活动到底该如何选择活动地点？本节就来揭开这一系列问题的答案。

5.7.1　举办品牌推广类活动的常见地点

举办品牌推广类活动的常见地点如下。

（1）**地铁**。在快节奏时代，地铁已经成为大都市人的主要代步工具。因此，有很多企业抓住了这一点，在地铁上安排快闪、商品展示等活动，从而提升品牌的曝光度。

（2）**车站**。除地铁外，车站也是现代人聚集的地方。企业在车站进行推广活动，能够迅速吸引很多人的关注，进而扩大品牌影响力。

（3）**商业街**。商业街每天的客流量可想而知，企业在商业街进行推广，很容易产生轰动效应，进而吸引媒体前来报道、采访，这就在无形之中为企业赢得了免费的品牌曝光机会。

5.7.2　为品牌推广类活动选择活动地点时应注意的问题

为品牌推广类活动选择活动地点时应注意如下问题。

（1）**人员流动量**。品牌推广类活动的目的是提升品牌的曝光度，让更多的人认识并了解品牌。所以，企业在为这类活动选择活动地点时，一定要注意人员的流动量，选择在那些人员流动量比较大的地方来发起活动。

（2）**出其不意**。如果想要让大众记住自己的品牌，那么在选择活动地点时要做到出其不意。这样，路人才能够被活动吸引过来，进而记住品牌。

5.7.3　案例：以服饰店的推广活动为例解析如何选择品牌推广类活动地点

孙经理经营了一家品牌名为 A 的潮装服饰店，现在他想要通过发布活动的方式来宣传品牌，但不知道该将活动地点选在哪里。如果你是孙经理，你会如何选择活动地点呢？

根据案例的背景资料可知，孙经理经营了一家潮装服饰店，这也就意味着穿这些衣服的人一定很时尚。所以，孙经理可以在地铁或商业街举办快闪活动，通过快闪活动宣传新的生活态度和自己的服饰品牌。

> **Tips**：在为品牌推广类活动选择活动地点时，一定要注意人员流动量，要出其不意。只有在人员流动量大的地方来发起推广活动，才能够最大限度地争取品牌的曝光度。只有企业用一种出其不意的方式将品牌呈现在大家面前，才能够使大家记住品牌。当然，这里的"出其不意"并不意味着要影响大众的日常生活，在出其不意时也要考虑不影响正常的社会秩序。

5.8 公益关爱类活动地点的选择

很多企业都会不定期地发起一些公益关爱类活动来树立企业的正面形象。那么，该如何选择公益关爱类活动的地点呢？在选择公益关爱类活动地点时又该注意哪些问题呢？本节就来针对这一系列问题进行详细讲解。

5.8.1 举办公益关爱类活动的常见地点

举办公益关爱类活动的常见地点如下。

（1）**敬老院和福利院**。敬老院和福利院几乎是所有企业或团体发起公益活动时必去的地方。因为老年人和儿童喜欢有人陪伴，如果有人去，就恰好满足了他们需要陪伴的需求，同时，也能为敬老院和福利院暂时缓解服务人员配备不够齐全的问题，深度了解老人和孩子的内心，使他们心情愉悦。

（2）**大街**。如果感觉去敬老院和福利院的点子比较常规，那么还可以在大街上帮助环卫工人清扫、义务擦栏杆等。这样能够将路人的目光吸引过来，从而使其对企业产生好感。

（3）**偏远山区**。很多偏远山区的学校缺少老师，孩子们也不了解外边的世界。如果企业选择到偏远山区进行慰问和资助学生，就是切实在帮助这些家庭解决实际问题。那么，在活动过程中，企业就会树立起关爱下一代、关注贫困者的正面形象。

（4）**特殊学校**。有些特殊学校的孩子从小就被父母遗弃，或者在心理上有些问题，所以一般会很少有人和他们进行交流。如果企业来到特殊学校，与这些特殊的孩子一起玩耍、一起交流，就会让这些孩子感受到温暖，从而树立起对生活的信心。这就在无形之中树立了企业的正面形象。

5.8.2 为公益关爱类活动选择活动地点时应注意的问题

为公益关爱类活动选择活动地点时应注意如下问题。

（1）**保护受助者的自尊**。企业在举办这样的活动时，一定要注意保护受助者的自尊，不要让受助者感觉自己的隐私被曝光，否则，就会让大众对企业产生负面印象。

（2）**不影响受助者的生活秩序**。如果企业选择到敬老院、福利院这种地方举办公益活动，就一定要注意不要影响受助者的生活秩序，不要让受助者感觉被帮助是一件麻烦事，也不要出现诸如"每天给一位老人洗 N 次脚"的情况。企业千万不要到其他企业举办过活动的地方举办活动，否则会给受助者带来困扰。

（3）**切忌流于表面**。企业举办公益关爱类活动是为了切实帮助受助者，所以在活动过程中要切实解决受助者的某一方面问题。这样才能使公益关爱类活动切实落实到位，从而树立企业的正面形象。

5.8.3 案例：以送书活动为例解析如何选择公益关爱类活动地点

周经理的公司最近想要搞一次送书活动，将崭新的图书赠送给贫困地区的儿童，从而树立起企业关爱下一代成长、传递最新知识的正面形象。但是，周经理在选择活动地点上犯了难。如果选择偏远山区，就要坐火车、飞机去送书，成本太高。如果你是周经理，你会如何选择活动地点呢？

根据案例的背景资料可知，周经理想要搞一次送书活动；他所面临的问题是受到交通成本的限制，不能带着公司员工亲自去偏远山区送书。那么，你接下来应该思考的是，怎样才能既举办了送书活动又不花费大量的交通费用？其实答案很简单，将到偏远山区送书改成给城市周边贫困县的贫困生或给福利院送书。这样既达到了送书献爱心的目的，树立了企业的正面形象，又节省了大量的交通成本。

> **Tips**：在为公益关爱类活动选择活动地点时，一定要注意千万不要影响受助者的生活，还要注意保护受助者的隐私和自尊。当然，最主要的是这种公益关爱类活动千万不要流于表面，一定要切实解决受助者的实际问题。只有这样，企业的公益关爱类活动才能真正落实到位，才能获得良好的口碑。

5.9 根据目标受众选择活动地点

本章前面所讲述的内容全都围绕"根据活动类型选择活动地点"展开，然而在现实活动中，在选择活动地点时主办方还要考虑一个重要因素，即目标受众。如果目标受众不合适，那么即便举办的活动再新颖、再丰富也无济于事。主办方该如何根据目标受众来选择活动地点呢？本节就来揭开这一问题的答案。

5.9.1 常见的目标受众与活动地点匹配表

针对不同的目标受众，企业应选择的活动地点也有所不同。如果想确保活动效果，就要找到目标受众聚集的地点。不同类型的目标受众一般都会出现在哪里？主办方又该怎样根据目标受众选择活动地点呢？在这里，笔者根据常见的目标受众总结了一份受众与活动地点匹配表，供大家在日后的工作中参考使用。

第 5 章 如何选择活动地点

目 标 受 众	活动地点推荐	推 荐 理 由
学生	学校	很多高校为了提高学生的社交能力，都喜欢与企业合作举办活动。学校在学生与家长心目中占据重要地位，在学校举办活动就相当于学校为企业的信誉背书
白领/职场人士	写字间/金融中心	写字间是白领和职场人士的工作场所，而金融中心又是写字间林立的地方。企业选择在这里举办活动，就是将产品直接送到目标客户手中
老人/儿童	社区	老人一般会待在家里，或者到社区活动中心去运动、交流；最关注儿童的人群是在家专职带孩子的母亲。那么，选择在社区做活动就显得再合适不过了
高端人群	私营高端商业会所/高尔夫球馆/豪车俱乐部/别墅园区等	这些地方都是高端人士经常出现的地方。这些人在这里一般都会放松下来，尽情地享受生活、体验运动的乐趣。企业选择在这里发布活动，能够使目标客户更加信任企业，进而促成合作、购买

5.9.2 根据目标受众选择活动地点时应注意的问题

根据目标受众选择活动地点时应注意的问题如下。

（1）**目标受众不应叠加**。如果目标受众是学生，就选择在学校举办活动；如果目标受众是儿童和老人，就选择在社区举办活动。对于这两类目标受众，千万不要选择在商业街或医院举办活动，因为这种地方虽然人流量大，但人群构成非常杂，被吸引的人群也会杂乱，不利于品牌推广。

（2）**最好是封闭场所**。企业所选择的活动地点最好是封闭场所，从而确保只有企业的工作人员才能与目标受众交流，最大限度地规避竞争，进而提高目标受众的购买率。

5.9.3 案例：以饮料促销活动为例解析如何根据目标受众选择活动地点

郑经理现在想要为自己的饮料厂举办一次促销活动，让更多的人记住企业品牌。郑经理的饮料厂的饮料是果味碳酸饮料，主要面向年轻人群。如果你是郑经理，你会将活动地点选在哪里呢？

根据案例的背景资料可知，郑经理想要为自己的饮料厂生产的果味碳酸饮料举办促销活动，其市场定位是主要面向年轻人群。那么，你接下来应该思考的是，年轻人都会出现在哪里？没错，学校、写字间。

所以，郑经理应该将活动地点定在学校或写字间内。当然，由于饮料这种产品大部分人（糖尿病患者除外）都可以饮用，因此也可以将活动地点定在商业街或地铁上。这样能够争取最大曝光度，让更多的人了解品牌。

Tips： 在根据受众选择活动地点时，一定要注意受众的唯一性和活动场所的封闭性。只有这样，才能确保你的活动只能传递给目标受众，提高活动的成交率，而且能规避竞争对手的出现，进而使目标受众更加信任品牌，促成购买。

第 6 章

活动中增加参与者逗留时长的方法

在活动中,企业经常会遇到"参与者众多,逗留时间长的人却很少"的尴尬,这就导致工作人员活动全程都在与新参与者进行互动,而无法逼单。那么,怎样做才能增加活动中参与者逗留时长呢?本章就针对这一问题进行详细阐述,以帮助企业提高活动中的成交率。

6.1 小服务堆砌

无论是什么样的品牌发布活动，都需要吸引更多的参与者来参与，并努力留住前来参与的人。那么，企业通过怎样的方式才能增加参与者逗留时长呢？本节就教给你一个非常实用的小方法——小服务堆砌。

6.1.1 可以增加参与者逗留时长的小服务种类

小服务堆砌，顾名思义，就是企业通过在活动现场安排多项小服务的方法来增加参与者逗留时长。在一般情况下，活动中常见的小服务有以下几种。

（1）**手机贴膜**。这种小服务自然不用多说，现代人大都需要给手机贴膜。如果这项服务是免费的，那么势必会吸引一部分人来体验。参与者就能够利用等待贴膜的时间在活动现场闲逛，这就在无形之中给企业创造了营销机会。

（2）**美甲**。爱美的女士大都会去做美甲，但要知道，做美甲一般需要半小时甚至一小时。当某位女士去做美甲时，她的朋友或家人就会无事可做，这时候便是企业进行营销的绝佳时机。

（3）**变色马克杯制作**。要知道，变色马克杯不是几分钟就能做好的，而且，照片也不是一时半会儿就能够被贴上去的。这就需要参与者等待。那么在等待的过程中，企业便多了营销机会。

（4）**各种 DIY**。企业在活动现场还可以提供各类 DIY 服务，如蛋糕 DIY、泥塑 DIY、沙画 DIY 等。孩子在制作这些东西的时候，家长可以四处闲逛，这就为企业营销创造了机会。

（5）**淘气堡**。在很多家长眼里，孩子就是一切。如果孩子想玩淘气堡，家长就不得不在一旁进行等待。这就使家长参与活动的时长增加了，企业便可以借此进行营销活动。

（6）**桌面游戏**。桌面游戏对于年轻人来讲并不陌生，企业可以通过开展桌面游戏的方式留住年轻人这一群体，进而增加了企业的营销机会。

6.1.2 通过小服务堆砌增加参与者逗留时长时应注意的问题

通过小服务堆砌增加参与者逗留时长时应注意如下问题。

（1）**要有吸引力**。小服务一定要具有吸引力，这样参与者才能够产生想去享受服务的想法，进而为了体验小服务而留在活动现场。

（2）**要让参与者得到实惠**。在为参与者提供小服务的时候，一定要让他们切实得到实惠，这样参与者才能够对企业产生好感，进而记住企业。

（3）**不要锁住意向客户**。最理想的小服务，并不是要锁住意向客户，而是要锁住对意向客户来讲最重要的人。要让意向客户不得不在活动现场等待，从而使其有充足的时间来了解产品或品牌，这样才能够起到营销的作用。如果企业提供的小服务将意向客户锁住了，意向客户就会专注于体验小服务，而非关注企业的产品或品牌。

6.1.3 案例：以汽车博览会为例解析如何进行小服务堆砌

冯经理最近要举办汽车博览会，以往的经验告诉他，虽然来参加汽车博览会的人很多，但能够在会场内逗留一两个小时的人很少。这让他感到非常头疼，他不知道该怎样设置活动内容才能够增加参与者逗留时长。如果你是冯经理，你会怎么做呢？

根据上面案例的背景资料可知，冯经理遇到了这样的问题：参加汽车博览会的人很多，但能够长时间逗留的人很少。那么，你接下来要思考的是，都有哪些人会来参加汽车博览会？答案是白领、社会精英、孩子家长。

那么，冯经理便可以在活动现场增设儿童淘气堡、迷你高尔夫，以及比萨等冷餐 DIY、果汁 DIY 等小服务。

Tips：在通过小服务堆砌的方法来锁住意向客户时，一定要注意服务的实用性，这样才能使参与者对品牌产生好印象。当然，也要注意小服务的服务对象一定是意向客户身边最重要的人，这样意向客户才会留在活动现场，从而给企业有对其进行营销的机会。

6.2 大师炫技

有些企业在商超或商业街搞促销活动，这些地方虽然人流量大，但想要让参与者长时间在活动现场逗留，其实也是一件非常困难的事情。那么，这时候企业该怎样做呢？笔者教你一个超实用的技巧——大师炫技，来为你解决这一问题。

6.2.1 可以增加参与者逗留时长的大师炫技的方法

大师炫技的方法主要有如下几种。

（1）**花式调酒**。花式调酒对于大多数人来讲依旧是非常新颖的，如果在逛街时遇到，那么相信大多数人会停下来观看，这就给企业创造了一个可以进行促销或派发广告单的机会。

（2）**街头魔术**。魔术对于普通人来讲是神秘而又梦幻的，如果在路上看到有魔术表演，那么很多人一定会被吸引过去，这在不知不觉中为企业举办的活动增加不少人气。

（3）**街舞**。街舞是年轻人的运动，大多数人在生活中其实很难接触到，所以一旦遇到，就会驻足欣赏，甚至瞬间被吸引。那么，企业就可以通过街舞秀的方式吸引人们驻足观看，进而达到促销的目的。

（4）**充气玩偶**。很多孩子都对充气玩偶感兴趣，会瞬间被吸引过去。那么在孩子与充气玩偶互动的时候，企业便可以对家长进行推销。

6.2.2 通过大师炫技增加参与者逗留时长时应注意的问题

通过大师炫技增加参与者逗留时长时应注意如下问题。

（1）**不影响正常秩序**。在通过大师炫技聚拢人气、留住意向客户时，一定要注意不影响正常的社会秩序，这样才能达到宣传的目的，同时让大众对企业产生好感。

（2）**技能要罕见**。在通过大师炫技留住意向客户时，一定要注意大师的技能

第 6 章 活动中增加参与者逗留时长的方法

要罕见,给参与者眼前一亮的感觉,因为只有这样,参与者才能够被大师的技能所吸引,进而驻足观看。

6.2.3 案例:以方便面促销路演为例解析如何使用大师炫技的方法

钱经理最近在为一款方便面策划促销路演,但在留住意向客户方面犯了难。他不知道该怎样开展路演活动才能够使更多的人驻足观看,并且逗留更长时间。如果你是钱经理,你知道该怎样做吗?

根据上面案例的背景资料可知,钱经理在为一款方便面策划促销路演活动。那么,你接下来要思考的问题是,什么人爱吃方便面?没错,年轻人。所以,钱经理可以在促销路演活动中插入"街舞表演/魔术煮面"的环节,从而吸引意向客户参与活动。

> **Tips**:在用大师炫技这种方法吸引意向客户、增加意向客户逗留时长时,一定要注意大师技能的罕见性与新颖性,这样才能最大限度地使更多人产生兴趣,进而驻足观看。当然,在发起活动时也要考虑到安全因素,不要因为有人围观而影响正常的社会秩序。

6.3 不断抽奖

现在有不少企业在举办活动的时候都会增设抽奖环节。你知道企业为什么要这么做吗?答案就是增加参与者逗留时长。那么,在设定抽奖环节时应注意哪些问题呢?笔者将针对这一问题进行详细解析。

6.3.1 如何设定抽奖环节

在一般情况下,企业在活动中设定抽奖环节的方法有如下几种。

(1)小时抽奖法。这个比较好理解,就是以每小时抽奖一次的方法来吸引意向客户留在活动现场。这样的活动能够使意向客户存有侥幸心理,认为这次没抽到大奖,也许下次就能抽到,不知不觉中逗留到活动结束。

(2) **大奖留后法**。在很多活动中,企业都会将大奖留到最后,从而刺激参与者因期待大奖而一直等待到活动结束。

(3) **游戏抽奖法**。游戏抽奖法比较讨巧,它的规则是参与者玩完游戏就有一次抽奖机会。因此,参与者为了得到大奖就会不断地玩游戏,不断地进行抽奖。那么,在等待玩游戏的过程中,参与者就会在活动现场四处游览,进而在不知不觉中记住企业。

6.3.2 设定抽奖环节时应注意的问题

设定抽奖环节时应注意如下问题。

(1) **奖项要有吸引力**。利用抽奖环节留住意向客户,就是在利用大众的侥幸心理,以及对大奖的渴望。因此,所设置的奖项要具有足够的吸引力,让参与者拥有足够的理由去等待。

(2) **要烘托期待感**。在通过抽奖环节留住意向客户时,主持人也要注意反复提到大奖,引起参与者对大奖的渴望。这样才能够使意向客户被吸引,并更加渴望得到大奖,从而一直留到活动结束。

6.3.3 案例:以楼盘促销活动为例解析如何设定抽奖环节

李经理最近要举办一次楼盘促销活动,但根据以往经验他发现有很多人来到售楼处参与活动都不会逗留太久。他想要留住这些参与者,但不知道该用什么方法。现在李经理手里有 42 英寸彩电、咖啡机、挂烫机、煮蛋器等实物可作为奖品。如果你是李经理,你会用什么方法留住意向客户呢?

根据上面案例的背景资料可知,李经理面临的问题是想要举办促销活动,但不知道该用什么方法将意向客户留住。

李经理已有的资源包括 42 英寸彩电、咖啡机、挂烫机、煮蛋器等实物,

第 6 章 活动中增加参与者逗留时长的方法

这些都可作为奖品。

那么，李经理就可以以 42 英寸彩电为终极大奖，以咖啡机、挂烫机为二、三等奖，以煮蛋器为四等奖来发起活动。

> **Tips**：在用不断抽奖的方法增加意向客户逗留时长时，一定注意奖项要足够吸引人，而且要让获奖者切实用得上，因为只有这样，才能够起到刺激参与者期待大奖，进而等待开奖的作用。当然，除大奖具备吸引力外，活动主持人对活动现场气氛的烘托也必不可少。

6.4 名人讲堂

现在很多企业在发布活动时都会找一些名人来烘托现场气氛，增加围观人气与参与者逗留时长。那么，企业在邀请名人来到活动现场时又该注意哪些问题呢？本节就来进行详细解析。

6.4.1 如何应用名人讲堂法

名人讲堂法，顾名思义，就是通过邀请名人作为活动嘉宾来到活动现场参与讲座、表演的方法将意向客户吸引到活动现场，同时增加意向客户在活动现场的逗留时长。在一般情况下，名人讲堂法有如下三种应用方法。

（1）嘉宾发言。嘉宾发言很好理解，即整场活动的主体为企业，嘉宾只需在主持人需要他发言的时候配合发言即可。

（2）嘉宾讲座。嘉宾讲座，即整场活动全部在嘉宾的控制范围之内，嘉宾只需围绕活动主题来进行讲解即可。

（3）问题答疑。相对来说，问题答疑更为实用。整场活动主要以参与者的发问为主，作为活动嘉宾的名人只需根据参与者的发问进行回答即可。

113

6.4.2 使用名人讲堂法增加参与者逗留时长时应注意的问题

使用名人讲堂法增加参与者逗留时长时应注意如下问题。

(1) 内容要实用。如果邀请名人参与讲座，就一定要确保名人所说的话能够切实解决一部分人的实际问题。这样参与者才有听下去的理由。

(2) 名人要有一定的社会地位。企业所邀请的名人一定要有一定的社会地位。只有这样，参与者才能够被名人所吸引，或者抱着好奇心来听讲座。

(3) 所讲内容要符合主题。既然是讲座活动，那么名人所讲的内容一定要符合活动的主题。只有这样，才能够吸引参与者聆听。如果名人所讲的内容与活动主题不符，就会使参与者摸不着头脑，进而离开活动现场。

6.4.3 案例：以婴儿游泳馆的讲座活动为例解析如何使用名人讲堂法

王经理经营着一家婴儿游泳馆，现在他想通过发起嘉宾讲座的活动来吸引更多的家长。但是，他不知道该邀请谁来参与讲座。如果你是王经理，你会邀请哪方面的专家来参与活动呢？

根据上面案例的背景资料可知，王经理经营的是一家婴儿游泳馆，那么他发起的活动就应该以"婴儿早期运动""婴儿运动与成长相关"为主题。因此，王经理应该邀请的名人为体育学专家、儿童医学专家等。

> **Tips**：在以名人讲堂法吸引意向客户、增加参与者逗留时长时，一定要注意所讲内容的含金量，让名人所讲的内容切实可用，能够解决一部分人的实际问题。这样才能够树立起企业专业、严谨的形象，使参与者听进去名人所讲的内容，进而愿意留在活动现场。

6.5 搞定孩子

众所周知,孩子是一个家庭的重中之重。因此,搞定了孩子,家长就会不由自主地服从。在活动现场也是如此,如果想让意向客户留在活动现场,就要先搞定孩子,让孩子愿意留在活动现场。那么,企业在活动中通过怎样的手段才能搞定孩子呢?本节就针对这一问题进行详细阐述。

6.5.1 在活动中搞定孩子的方法

在活动中搞定孩子的方法具体如下。

(1)淘气堡。提到淘气堡,有孩子的家长并不陌生,几乎所有孩子都喜欢在淘气堡里玩耍。因此,在活动现场设立淘气堡,孩子可以很自然地在里面玩上一整天,而家长就只能在外面等待。那么,在等待的过程中,企业就有机会对家长进行推销。

(2)沙滩/海洋球。很多小朋友都喜欢玩沙子,沙滩/海洋球可以使孩子高兴一阵子。在活动现场设置这些,小朋友能够从中得到在家里得不到的快乐,家长自然也就只有接受的份儿了。

(3)点心DIY。对于能够锻炼孩子自己动手动脑的机会,没有家长会拒绝。更有家长为了让孩子有DIY的机会,不惜花费重金。那么,企业在活动现场设置一个可以让孩子DIY点心的地方,就是在无形之中给家长省钱。不用孩子说,家长就会主动让孩子去DIY。这就为企业赢得了大量的营销时间。

(4)玩具大奖。孩子对新潮的玩具一定是非常渴望的,如果有机会让孩子免费拿到,那么家长往往都会抓住机会,努力争取。因此,企业在活动中设置玩具大奖,能够使孩子和家长留到活动结束前开奖的那一刻。

(5)亲子游戏。父母和孩子虽然每天都生活在一起,但没有足够的时间和机会来一起玩耍，而在活动现场设置亲子游戏环节便使家长与孩子能够亲密玩耍。那么，等待游戏的时间就是企业进行推销的绝佳时机。

6.5.2 使用搞定孩子法增加参与者逗留时长时应注意的问题

使用搞定孩子法增加参与者逗留时长时应注意如下问题。

（1）**安全性**。与孩子有关的事情不允许有任何意外，因此，企业在设置与孩子有关的环节、活动场景时应该慎之又慎，反复检查是否存在安全隐患。这样才能够让孩子与家长放心参与，进而对企业产生好感。

（2）**场地的整洁性**。众所周知，家长对于孩子活动场所的卫生环境的要求较高，因此一定要注意活动场地的整洁性。只有活动场地安全、卫生，家长才能够放心地让孩子参与其中。

（3）**体验的舒适性**。对于孩子来说，吃喝与玩同样重要，因此，一定要注意体验的舒适性。企业既然提供了场地让孩子玩耍，就应该同时提供点心、水果及果汁，让孩子在玩耍的同时能够吃好喝好。孩子开心了，自然逗留的时间就会相对较长，这就为企业的营销创造了绝佳时机。

6.5.3 案例：以家电促销活动为例解析如何使用搞定孩子法

史经理正在为公司的家电促销活动策划活动内容，但在留住意向客户方面犯了难。他发现，在商场中有很多人会有购买家电的意向，也会进店询问家电的性能，但往往因为孩子觉得没意思而选择离开。面对这个问题，你有什么好的解决办法吗？

根据上面案例的背景资料可知，史经理面临这样的问题：很多人有购买意向，但因为孩子觉得没意思而选择了离开，从而造成客流量的流失。

那么，根据"家电促销"这个大主题，史经理可以在活动现场增设蛋糕、饼干DIY的场地，让服务人员陪孩子亲手制作蛋糕、饼干，这样家长便有时间静下心来咨询了。当然，孩子DIY时所使用的家电也应该是在售商品。这样，家长就能够对企业的产品有一个直观的感受，可谓一举两得。

> **Tips**：在使用搞定孩子的方法留住意向客户时，一定要注意安全性、活动场地的整洁性、体验的舒适性。只有做好这三点，才能确保孩子玩得开心、家长放心，从而使企业有机会进行促销和逼单。

6.6 提供水和食物

如果我们仔细留意就会发现这样一种尴尬现象：有些活动本身办得非常好，意向客户也想一直逗留并咨询一些事宜，但中午找不到歇脚和吃饭的地方，无奈之下只能选择离开。下面，笔者就针对这一问题告诉大家一个实用的方法——提供水和食物。

6.6.1 如何为参与者提供水和食物

在一般情况下，企业为参与者提供水和食物有如下几种形式。

（1）**设立餐饮点**。在活动中，有很多企业都会设立餐饮点。这个餐饮点的餐饮是付费的，和外面的餐厅一样，但是仅供参与活动的人群中午就餐。

（2）**提供冷餐**。有些企业为了留住参与者，中午会提供诸如小蛋糕、小饼干、水果、牛肉干等冷餐，使参与者能够暂时缓解饥饿。

（3）**为意向客户提供午餐**。在活动中，有些企业为了逼单、让准客户拥有良好的体验，还会为意向客户提供午餐。当然，这里的"意向客户"是指付了定金或即将签单的客户。

（4）**饮用水无限供应**。更多的时候，企业会在活动中无限免费供应饮用水。这也是最为常见的一种手段。

6.6.2 在为参与者提供水和食物时应注意的问题

在为参与者提供水和食物时应注意如下问题。

（1）确保绝对卫生。作为活动主办方，企业如果提供午餐和饮用水，就一定要确保卫生状况良好。这样才能切实让参与者感受到企业的贴心。如果午餐、饮用水的卫生状况差，就会使参与者对企业失去信任，进而产生负面情绪。

（2）确保及时供应。在提供午餐、饮用水时，一定要确保及时供应，这样才能在第一时间解决参与者的饮食问题。如果供应不及时，就会使参与者的舒适度降低，进而对企业产生不良印象。

> **Tips：** 在通过提供水和食物增加参与者逗留时长时，一定要注意确保绝对卫生和确保及时供应。这样，参与者才能够在第一时间解决饮食问题，从而拥有良好的体验感，进而对企业产生信任感。

6.7 比赛竞技

一些企业在举办活动时会安排比赛和竞技的环节，目的是让参与者留在活动现场。那么，企业为什么要这么做呢？怎样的比赛和竞技活动才能够使大众乐于参与呢？在使用比赛竞技法时又该注意哪些问题呢？本节就来针对这一系列问题进行详细解析。

6.7.1 在活动中如何使用比赛竞技法

（1）趣味比赛。这是很多企业惯用的活动手法。趣味比赛不同于正常的竞技，其趣味性和娱乐性都很足。因此，除了吸引参赛者本身，这样的活动还能够吸引更多的围观者，从而使活动产生引爆效应。

（2）挑战赛。挑战赛也很常见，就是企业发起一个挑战，利用参赛者渴望战胜他人的心理来促使其参与活动。在这种心理的驱使下，很多人愿意反复去应战，直到战胜。

（3）运动会。运动会在大型企业的团建活动中非常常见。企业通过举办运动会，使全体员工团结起来，各部门员工之间消除隔阂。在运动会上，加油与呐

第 6 章　活动中增加参与者逗留时长的方法

喊声能够烘托出激烈的竞争气氛，同时彰显企业的风貌，从而吸引更多人留在现场，关注赛事。

（4）**亲子赛**。这样的活动也非常常见。亲子赛可以帮助家长更加清楚地认识自己的孩子，同时，也可以促进亲子感情。因此，只要有企业发起，大多数家长都乐于带孩子参与。这就为企业的营销创造了条件，同时也提升了企业的曝光度。

6.7.2　使用比赛竞技法时应注意的问题

使用比赛竞技方法时应注意如下问题。

（1）**安全性**。既然是比赛，就难免会磕磕碰碰，因此企业对活动的安全性要格外留意。一定要确保参与者的安全，这样才能使企业被更多的人信赖。

（2）**医疗保障**。竞赛中，参与者难免会被擦伤、撞伤，甚至有更加严重的意外发生。因此，活动的医疗保障系统要完善，确保出现意外时有专业医疗人员在第一时间进行救治。这样才能够增加参与者的舒适度，进而使参与者对企业产生信任感。

（3）**秩序维护**。既然是比赛，就要有规则，因此维护活动现场的秩序也同样重要。企业一定要确保活动现场井然有序，这样才能够使活动有序进行，否则，就会出现秩序混乱，无法进行活动的尴尬局面。

（4）**趣味性**。一定要确保活动有趣，让参与者和围观者都乐在其中，这样才能够起到聚拢人气、争取曝光、促进销售的作用。

6.7.3　案例：以乐器公司的活动为例解析如何使用比赛竞技法

王经理经营着一家乐器公司，主要经营钢琴、贝斯、吉他、小提琴、大提琴、萨克斯、手风琴、笛子等乐器，但最近的销量一直不太理想。于是，王经理想通过举办活动的形式聚拢人气，吸引对乐器感兴趣的人来围观及购买。但是，王经理一直找不到合适的活动内容。如果你是王经理，你会举办什么样的活动呢？

根据案例可知，王经理经营的是一家乐器公司，主营钢琴、贝斯、吉他、小提琴、大提琴、萨克斯、手风琴、笛子等乐器。现在，他想通过发起活动的形式聚拢人气，吸引对乐器感兴趣的人来围观及购买。那么，接下来你要思考的问题是，什么样的活动能够吸引懂乐器和对乐器感兴趣的人？什么样的乐器最受大众欢迎？

根据分析，王经理可以发布如下活动。

- "谁是贝斯王"比赛。

阐述：此活动可以邀请专业的贝斯老师来对参与者的演奏进行点评。

- "谁是乐器中的大嗓门"活动。

阐述：作为懂乐器的人，每天都会使用乐器，但很少有人知道哪个乐器发出的声音最大。因此，这个活动可以调动更多人的积极性和好奇心。此活动可以邀请精通不同乐器的多位老师来演奏，从而测定音量，选出能够发出最大声音的乐器。

> **Tips**：在使用比赛竞技法增加参与者逗留时长时，一定要考虑活动的安全性和趣味性。在活动过程中，当遇到突发事件时，企业要能够有条不紊地及时处理，这样才能够使参与者对企业产生好感，更加乐于参与到活动中来。

6.8 歌舞表演

很多企业在举办活动时都会选择歌舞表演。这是为什么呢？企业又该怎样利用歌舞表演来增加参与者逗留时长呢？本节就来针对这一系列问题进行详细解析。

6.8.1 如何利用歌舞表演增加参与者逗留时长

（1）**大牌出场法**。这种方法非常常见，作为活动的主办方，企业会在活动中邀请一些大牌明星进行歌舞表演。但歌舞表演通常安排在活动临结束时，所以参与者为了看到大牌明星往往会等到活动结束后才离开，这就给企业创造了营销机会。

（2）**歌舞串场法**。这种方法是大企业惯用的，即在一场活动中穿插歌舞表演。这样既能够起到活跃气氛的作用，又能够使参与者对歌舞保持期待感。

（3）**晚会法**。这种方法在客户关系维系中很常见，即企业举办一场歌舞晚会，邀请老客户来观赏。这类活动旨在维系情感，回馈老客户。

6.8.2 利用歌舞表演增加参与者逗留时长时应注意的问题

利用歌舞表演增加参与者逗留时长时应注意如下问题。

（1）**表演质量**。利用歌舞表演来增加参与者逗留时长时，一定要注意歌舞表演的质量，要邀请一些专业演员来进行表演，这样才能确保参与者对表演本身产生兴趣，并静下心来欣赏。

（2）**新颖性**。企业对歌舞表演的新颖性要格外注意。只有新颖的歌舞表演，才能给参与者眼前一亮的感觉，进而使其留在活动现场观看。

（3）**不要扰民**。企业在举办歌舞表演活动时还应注意不要扰民，因为有些活动是路演，所以很容易打扰附近的居民休息。

6.8.3 案例：以促销活动为例解析如何使用歌舞表演法

孙经理正在为一场促销活动策划活动内容，他选择的活动地点是商业街区。他想通过路演活动来吸引逛商业街的人围观，进而吸引媒体报道。如果你是孙经理，你会怎样策划活动内容以完成活动目标呢？

根据上面案例的背景资料可知，孙经理想要做的事情是，通过路演活动吸引逛商业街的人围观，进而吸引媒体报道。那么，你接下来应该思考的问题是，什么活动才能使逛商业街的人围观？答案很简单，孙经理可以邀请当红歌星、舞星来为这次活动表演节目。

> **Tips**：在利用歌舞表演来增加参与者逗留时长时，一定要注意歌舞表演的质量、歌舞的新颖性，以及不要扰民。只有切实做好这三点，才能够使一场活动达到预期效果，真正起到吸引参与者来欣赏的作用。

6.9 限时优惠

除前述增加参与者逗留时长的方法外，还有一种方法叫作限时优惠。这种方法与不断抽奖有着异曲同工之妙，即在活动开始时给出限时优惠的时间段，让参与者产生一种期待感，进而使参与者一直留在活动现场，直到优惠开始。那么，限时优惠在实操中该如何来设置呢？在设置过程中又有哪些问题需要注意呢？本节就来针对这些问题进行详细阐述。

6.9.1 如何使用限时优惠法增加参与者逗留时长

（1）小时优惠法。这种方法能够将参与者的积极性调动起来。简单来说，企业每小时都会有优惠，但优惠的商品是不同的。因此，参与者就只能仔细倾听活动主持人的讲话内容，进而盯紧想要的商品，在其优惠时段进行抢购。

（2）定时优惠法。这种方法相对来说比较简单，也是企业惯用的一种促销优惠方法，即企业通过在活动中告知参与者可以疯狂抢购的时间段，以及全部商品均以多少折销售，从而吸引参与者届时抢购。

6.9.2 使用限时优惠法时应注意的问题

使用限时优惠法时应注意如下问题。

（1）场地的安全性。限时优惠很容易造成哄抢的局面，因此活动的主办方一定要注意活动场地的安全性，并给参与者留出足够的空间来进行抢购，从而最大限度地规避意外的发生。

第 6 章　活动中增加参与者逗留时长的方法

（2）商品的质量。限时优惠并不意味着质量打折，因此，一定要保证商品的质量。只有参与者通过优惠的价格切实买到了实惠又好用的商品，才能够对企业或品牌产生信任感，进而进行回购。

（3）结款的速度。企业举办限时打折优惠活动，就意味着在活动当天会有很多人购买商品。因此，结款的速度问题，作为主办方的企业也要考虑好，千万不要让参与者在结款的时候等候太久，否则会激起参与者的负面情绪。

6.9.3　案例：以宠物用品商店为例解析如何使用限时优惠法

吴经理经营着一家宠物用品商店，现在他发现店内的一些宠物服饰、宠物玩具、宠物窝出现了积压。如果免费发放，店铺确实不具备这样的实力。因此，他想通过举办活动的形式来处理这些积压产品。但是，吴经理不知道该设定怎样的活动内容比较合适。如果你是吴经理，你会如何设置活动内容呢？

根据上面案例的背景资料可知，吴经理经营的是一家宠物用品商店，他面临的问题是宠物服饰、宠物玩具、宠物窝出现了积压，想要处理掉。吴经理不具备全部免费赠予的实力。

因此，吴经理只能低价处理这些积压的宠物服饰、宠物玩具、宠物窝，那么限时优惠是最适合的一种促销方法。

> **Tips：** 在使用限时优惠这种方法增加参与者逗留时长时，一定要注意活动场地的安全性，最大限度地避免踩踏等意外的发生。同时，企业还要注意商品的质量，千万不要因为价格优惠了，售卖商品的质量也差了，否则就起不到通过优惠活动促进销售与回购的作用了，严重者还能使参与者对品牌产生负面情绪，得不偿失。

6.10　过节庆生

企业在维系与老客户的关系时，一般会使用过节庆生的方法。这样做，一来能够使老客户感受到企业的贴心和细心，二来能够带给老客户惊喜。那么，过节庆生又该如何设置呢？在为老客户过节庆生时又该注意哪些问题呢？本节就针对这一问题进行详细解析。

6.10.1 如何使用过节庆生法

（1）**正常庆生次序**。这个不必多说，就是和正常的庆生次序一样，吃饭、许愿、吃蛋糕、点蜡烛，整场活动都围绕过生日这个主题来开展，从而使参与者感受到温暖和被重视。

（2）**统一过生日**。具体来讲，在整场活动的末尾，针对近期要过生日的老客户设定一个过生日的环节。这样，参与活动的老客户便不得不等到活动最后，和其他人一起过生日。

6.10.2 使用过节庆生法时应注意的问题

使用过节庆生法时应注意如下问题。

（1）**牢记客户生日**。企业在使用过节庆生法来增加参与者逗留时长时，一定要牢记客户的生日，千万不要出现弄错或记混的情况。这样，客户才能够感受到被关爱，进而自发地来到活动现场参与。

（2）**福利到人**。如果生日会上要发放蛋糕，就一定要确保每人都能领到一盒或一块。如果要发放礼物，那么也要做到参与者每人一份。千万不要落下某一个客户，否则会有损企业形象，进而让参与者对企业产生负面印象。

> **Tips**：在使用过节庆生法增加参与者逗留时长时，一定要注意牢记客户生日，做到福利到人。这样，参与者才能够真正地感受到被关爱，从而对企业或品牌产生好感。

第 7 章
如何确定活动备选方案

尽管主办方会在活动前做好各种准备,但难免会发生这样或那样的意外情况。面对这些意外情况,你知道该如何处理吗?在活动前又该针对意外情况做好哪些方面的准备呢?本章就来针对上述问题进行详细讲解,教你从时间、场地、安保、人员、物料、后勤、责任规避等多方面设置应激计划。

7.1 做好时间应激

举办活动时,活动时间尤为重要,企业在活动前要想办法确保活动如期举办。在现实生活中,企业往往会因为遇到自然灾害、国家大型赛事/会议而推迟举办活动的时间。那么,这时候我们又该怎样做呢?本节就来针对这一问题进行详细阐述。

7.1.1 如何做好时间应激

要想做好时间应激,其实并不难,策划人员应在活动前开动脑筋,想好除预期的活动时间外,还有哪些时间适合发起活动。另外,如果更改活动发起时间,就要提前想好更改活动时间的理由。这样才能让大众觉得自然、合理,进而对品牌产生好感。

在一般情况下,时间应激有如下两种设置方法。

(1)临近设置。如果在预期的活动时间无法正常发起活动,就需要寻找与活动时间相近的几天来发起活动。这样,相差的天数不太多,同样能够起到如期举行的效果。

(2)更改日期。这种方法一般在大企业比较多见,主要是因为活动比较重要,必须选择在一个大众时间都比较宽松、便于记忆的时间段来发起活动。比如,企业原定于国庆节发起活动,但因为种种原因搁置了。如果在国庆节过后发起活动,那么肯定蹭不了节日热度。所以,企业索性就改为在元旦或其他重大节假日发起活动。

7.1.2 做时间应激时应注意的问题

做时间应激时应注意如下问题。

(1)提前打好招呼。如果要将活动改到其他时间发起,就一定要提前做好宣传与沟通工作——不仅要让关注活动的人群知道活动改期,还要让企业内部人员做好准备工作，确保活动正式开始后有时间来专门提供服务支持，而不是被其他事情困住。

（2）**改期理由要充分**。即便是由于企业的准备工作不足导致活动才改期的，也要为活动的改期想一个充分的理由。不仅要让参与者知道活动为什么改期，还要让参与者对品牌重建信心，最好能增加好感。

（3）**做好各项检查与预测工作**。既然活动已经改期举办，就一定要在活动前做好充分的硬件检查工作，同时查看天气预报，确保改期举办的活动能够届时举办，而且要最大限度地规避意外的发生。否则，如果活动陷入改期再改期的局面，大众便会对企业产生负面印象。

（4）**改期举办的日期一定要好记**。活动改期就意味着企业原本的宣传全部失效，大众原本接收到的信息是错误的。如果改后的日期不好记，就会在无形之中造成参与者的流失。因此，一定要选择好记的日期作为活动改期举办的日期，这样更加便于参与者记忆，并届时参与。

7.1.3 案例：以酒会为例解析做好时间应激的必要性

安经理原本要举办一场酒会，没承想 A 地遭遇了自然灾害。现在全国各大门户网站都在为逝者祈福，将页面变成了灰色。可见，现在不适合举办酒会等娱乐活动。所以，安经理便要寻找新的时机来举办活动。这可把安经理愁坏了，他不知道将活动时间改在何时比较合适。如果你是安经理，你会将酒会改在什么时间举办呢？

根据上面案例的背景资料可知，安经理面临的问题是，由于遇到自然灾害，全国各大门户网站都在为逝者祈福，因此酒会需要改期。众所周知，面对自然灾害，我们除能够捐款、捐物，感同身受外，还可以通过新媒体平台帮忙找人。而且，从灾后救助到灾后重建需要很长一段时间，因此，酒会并不适合改在近期，而是至少要选择半年后的某个节假日。

Tips：做活动时间应激主要有两种设置方法：临近设置、更改日期。在活动正式开始前，企业还要做好各项检查与预测工作，从而确保活动的正常举办。

7.2 做好场地应激

在举办活动时，企业经常会面临下雨、活动场地被占用，以及活动场地有其他大型障碍物的情况。如果这时候企业没有做好场地应激，就会陷于被动，进而带给参与者非常不好的体验。作为活动的主办方，你知道该如何做好活动场地应激吗？本节就针对这一问题进行详细阐述。

7.2.1 如何做好场地应激

场地应激，顾名思义，就是在活动前选择两块场地来作为活动使用场地。这样，当其中一块场地由于天气等突发状况无法使用时，另一块备用场地就可以派上用场了。在一般情况下，活动场地应激有两种设置方法。

（1）**互补法**。这种方法非常简单，一般多见于露天活动。企业在活动主场地进行活动布展，如果活动当天下雨，就马上转至室内，在室内场地上布展，开展活动。这种室内场地和室外场地互补的应激方法被企业广泛应用。

（2）**替代法**。采用这种方法，企业需要找到两块差不多的活动场地，将其中一块作为活动的主场地，另一块作为活动的备用场地。这样，一旦其中一块场地因为意外无法开展活动，就会马上转到另一块场地上发起活动。

7.2.2 做场地应激时应注意的问题

做场地应激时应注意如下问题。

（1）**两块场地的间距要尽可能短**。要知道，活动的背景可以搭建两套，但活动中所需要用到的礼品和器材由于资金等诸多因素的限制，企业是无法购置两套的。因此，一定要确保活动主场地和备用场地的距离尽可能短，这样才能给活动的服务与支持人员留下足够的时间来迅速转场布展。

（2）**两块场地尽可能互补**。两块活动场地要尽可能互补，这样才能确保无论是晴天还是雨天，活动都能够如期举行。

7.2.3 案例：以奶制品促销为例解析如何做好场地应激

王经理经营着一家大型奶制品公司，最近要发起奶制品促销活动，本来他将场地设置在了室外，但据天气预报报道，近期有大暴雨。活动日期即将到来，这让王经理很是头疼。另选场地来不及，但如果硬将活动场地设定在室外，就可能遭遇大暴雨。如果你是王经理，你会怎么办呢？

根据上面案例的背景资料可知，王经理经营的是一家大型奶制品公司。根据常识，大型奶制品公司一般都会和商超进行合作销售。那么，王经理可以在原先的活动场地周围寻找大型商超，进而与商超的相关负责人沟通，将商超内自己公司产品货架前的空地设定为活动的备用场地。这样，一旦下雨，王经理就可以将活动场地转到最近的大型商超内。

> **Tips**：在做活动场地应激时，一定要充分考虑天气变化等突发状况，进而将活动场地设置得互补一些，从而确保活动的有序进行。另外，还要注意活动主场地与备用场地之间的距离，两者之间的距离要尽可能短，这样才能为活动的服务与支持人员争取充足的转场布展时间。

7.3 做好安保应激

在活动现场，主办方需要针对有可能发生的一系列突发状况想好应激对策。比如，为了避免活动现场出现大面积的踩踏、逃生困难等意外情况，主办方需要在活动中做好安保应激。那么，安保应激该如何来做呢？本节就来针对这一问题进行详细阐述。

7.3.1 如何做好安保应激

在一般情况下，活动安保工作分别由协调指挥中心、协调保障组、安全疏导组、电力保障及设备保养组、检票处协调组、车辆引导组、特别机动组负责。

（1）协调指挥中心。协调指挥中心需要时刻观测活动中的可疑人员及可疑现象，并及时联络相关负责小组在第一时间进行处理，从而确保活动的有序进行。

（2）协调保障组。协调保障组负责活动现场的巡逻工作，以及贯彻落实协调指挥中心发出的指示，将细节落实到位；同时，针对特别棘手的突发事件，还要在第一时间进行报案处理，提升活动现场的服务水准。

（3）安全疏导组。一旦活动现场有突发情况，安全疏导组就需要及时帮助参与者在第一时间安全撤离，确保每位活动参与者的人身安全及财产安全。

（4）电力保障及设备保养组。电力保障及设备保养组负责活动现场的电路安全及设备安全工作，最大限度地避免活动现场因电力及设备故障造成的安全事故，确保活动的有序进行。

（5）检票处协调组。检票处协调组最大限度地将可疑人员控制在活动现场之外，严格检查每位活动参与者的邀请函、背包，确认每位参与者的身份，避免危险人员进入会场，确保活动现场没有危险物品。

（6）车辆引导组。车辆引导组负责活动现场的车辆引导，最大限度地避免刮擦及撞车等事故的发生，确保活动现场车辆的行车安全，从而避免事故的发生。

（7）特别机动组。当活动现场出现重大事故及危机时，特别机动组负责在第一时间进行处理；同时，填补因活动事故造成的各组人员空缺，维护活动秩序，帮助参与者及参与车辆安全撤离。

7.3.2 做安保应激时应注意的问题

做安保应激时应注意如下问题。

（1）不留死角。大型活动现场的安保应激工作一定要做到不留死角，确保活动现场的每块场地、每个细节都有安保人员负责及巡逻。这样才能够最大限度地发现可能发生的危机，同时针对危机进行早期处理，确保活动的正常进行。

（2）落实到人。活动现场的每处安保工作都要落实到人、责任到位。这样才能确保当突发事件来临时，有专门人员在第一时间处理，无推诿等情况。

（3）**各司其职**。在举办大型活动时，一定要确保活动现场安保人员各司其职。而且，只有大家都打起精神，坚守各自岗位，才能确保活动的有序进行。

（4）**紧密配合**。当突发事件发生后，安保系统各部门人员的紧密配合是必不可少的，这就需要安保人员在活动之余加紧训练，形成默契。

> **Tips：**在为活动做安保应激安排时，一定要确保不留死角、落实到人、各司其职、紧密配合。只有这样，才能最大限度地将活动现场可能发生的安全事件的概率降到最低。同时，在突发事件真正来临时，安保人员能够保持冷静，积极应对。

7.4 做好人员应激

企业在举办活动时往往会遇到"工作人员临时有事来不了"的情况，这时如果企业没有提前做好人员应激，就会措手不及。因此，企业在活动举办前要做好人员应激。那么，人员应激又该如何来做呢？

7.4.1 如何做好人员应激

在一般情况下，人员应激有两种方案：多人参与法和经销商填充法。

（1）**多人参与法**。当企业发起活动时，企业里的所有部门都针对这次活动共同协商完成本部门所负责的任务，从而使所有人对自己部门所负责的任务都有一定了解。这样，当活动预设人员无法参与时，企业可以随时抽调该部门的其他人员来填补空缺。

（2）**经销商填充法**。这种方法比较冒险，即当企业原定活动预设人员无法参与时，就近抽调经销商的人员作为填充。如果企业选择这样做，就一定要确保经销商对于活动的知情权。但是，这样做的弊端是人员配合方面没有默契，服务质量可能会下降。

7.4.2 做人员应激时应注意的问题

做人员应激时应注意如下问题。

(1) **同岗多人**。在活动的准备期，企业就应该针对活动的不同岗位，设定多人参与。这样才能够确保当其中一人因故无法参与时，其他人顶替参与也不会感觉陌生。如果在活动准备期没有实行同岗多人参与，就会造成顶替者对活动缺乏了解，进而在配合上出现偏差。

(2) **重要岗位无意外**。众所周知，活动的一线执行人员可以任意选择，但活动的总体调度等岗位并不是任何人都能够胜任的。因此，一定要最大限度地确保活动中的重要岗位人员不出现意外。

> **Tips**：在做活动人员应激时，一定要确保在活动准备期同岗位多人参与，这样才能在预设人员因故无法参与时，有对活动足够了解的人员及时顶替其位置。另外，也要确保诸如活动总指挥等重要岗位的人员无变动，这样才能使活动按照预期开展。

7.5 做好物料应激

在活动开展的过程中，企业往往还会遇到诸如活动设施被损坏、活动幕墙被颜料覆盖等意外情况。那么，面对这样的意外情况，企业该如何解决呢？本节就来进行详细阐述。

7.5.1 如何做好物料应激

(1) **适当备份**。对于活动现场需要用到的物料，如果价格不是特别昂贵，就一定要适当备份。这样，当原定物料出现意外情况时，可以在第一时间用备份的物料替换，这同样能够带给参与者良好的体验。

(2) **重点物料要有计划**。诸如活动背景墙等重点物料，一定要有"B 计划"。

这样，一旦活动背景墙遭到意外损坏，就可以在第一时间启动"B 计划"，替换上预先准备好的背景墙。

7.5.2 做物料应激时应注意的问题

做物料应激时应注意如下问题。

（1）**经费问题**。众所周知，企业的每次活动都有经费限制，因此在做物料应激时也要考虑到经费问题。要尽可能地废物利用，缩减成本，千万不要因为制作应激物料而浪费大量金钱。

（2）**便于更换**。既然是应激物料，那么一定要便于更换，这样才能确保在活动原有物料出现意外情况后，执行人员能够及时更换备用物料，否则，就会影响参与者的活动体验。

（3）**就地取材**。在更多时候，企业并没有足够的时间和金钱来更换物料，因此活动的执行人员要能够做到就地取材，甚至废物利用，这样才能够确保活动物料在第一时间被合理利用和更换。

7.5.3 案例：以图书签售会为例解析如何做好物料应激

王经理要举办一场图书签售会，但谁承想在活动即将开始的 6 小时前，由于搭建灯光设备，使活动背景墙破了一个大洞。这让王经理犯了难。你知道该如何解决这个问题吗？

根据上面案例的背景资料可知，王经理面临的问题是背景墙破了一个大洞。那么，你接下来应该思考，什么东西可以代替背景墙？没错，宣传画报、图书！书店一定有这些东西。

因此，王经理就可以以这些为材料，重新搭建一个背景墙来作为本次活动的背景。

如果时间和条件允许，王经理还可以找一大块白色的布，请设计师以这次签售会为主题在上面作画，之后将其作为活动的背景。

Tips： 活动物料应激也是活动能否成功举办的关键。因此，作为活动的主办方，一定要在活动发起之前将可能发生的事情思考全面，针对易损坏的物料进行备份。这样才能够最大限度地避免企业陷入尴尬局面。

7.6 做好后勤应激

在活动中，后勤保障也是决定活动能否顺利进行的关键。因此，活动的后勤应激也必不可少。那么，活动的后勤应激到底该如何来做呢？笔者就针对这一问题进行详细阐述。

7.6.1 如何做好后勤应激

活动后勤包括工作人员及参会人员的食宿、医疗、交通、供电、消防、保洁、财务等各个方面。在一般情况下，如果是举办大型活动，则活动的主办方会以竞标的形式将这些模块承包给对应的专业服务公司，由服务公司来各司其职。

如果活动规模不算大，或者企业不想举办竞标会，活动策划人员就需要在活动之前针对这些模块逐一走访，找到合适的中小企业/组织进行合作。这样也能做到各司其职，确保后勤保障的服务水平。

7.6.2 做后勤应激时应注意的问题

做后勤应激时应注意如下问题。

（1）提前规划。后勤保障最重要的是提前规划，将堵车、房屋漏雨、食品变质等细节问题考虑到位，进而想出相应的对策，从而确保后勤保障能够万无一失。

（2）要有"B 计划"。活动现场难免会出现或这样或那样的意外情况，因此一定要有"B 计划"，从而在面临危机时能够及时解决，进而使活动顺利进行。

（3）**专业的人做专业的事**。活动的主办方一定要将活动的后勤保障工作划分为若干个模块，每个模块由专业人员进行操作。这样才能使活动的参与者拥有良好的体验，进而对主办方产生好感。

> **Tips**：在做后勤应激时，一定要将后勤保障工作划分为若干个模块，每个模块由专业人员进行操作。这样才能够确保活动的服务质量，进而最大限度地使活动参与者拥有良好的体验。

7.7 做好责任规避

在举办活动的过程中，难免会出现或这样或那样的意外情况。因此，企业要学会做好责任规避，提前购买好保险，从而确保当突发事件来临时，企业不至于蒙受太多损失。

7.7.1 大型活动需要办理的保险种类

作为活动的主办方，企业在活动发起前应该办理哪些保险，以将损失降到最低呢？在一般情况下，有如下几种保险需要办理。

（1）**意外伤害险**。这个比较容易理解，即需要为每位服务人员与参与者投保意外伤害险。这样才能确保当突发事件来临，人身安全受到威胁时，能够在第一时间报险理赔。

（2）**财产保险**。有些活动会用到一些大型贵重机器，那么企业也可以对这些机器进行投保。这样，一旦机器出现损坏，就可以及时获得理赔、及时维修。

（3）**场所责任险**。为了有能力承担责任、捍卫主办方自身权益、将损失降到最低，主办方还需要投保场所责任险，从而在突发事件来临时能够进行自保。

（4）**工程保险**。大型活动会涉及很多施工方面的事情，因此工程保险必不可少。一旦出现纰漏，主办方就可以及时报险，以弥补损失。

当然，大型活动需要投保的方面并不止这些。若遇到具体问题，主办方还需要与专业的保险公司进行详细沟通，并确定投保方案，切忌一味照搬。

7.7.2 做责任规避时应注意的问题

做责任规避时应注意如下问题。

（1）**找大型保险公司合作**。在确认活动的保险方案时，一定要找一些大型的保险公司进行合作。这样才能确保当突发事件来临时，保险公司能够有专人负责，否则，就会使企业陷入被动。

（2）**货比三家**。主办方在为活动投保时一定要注意货比三家，多找几个保险公司为活动制定投保方案，从而挑选出最全面、最适合这次活动的保险方案。如果咨询了一家保险公司就进行合作，很可能有局限性，使活动的投保不够全面。

（3）**事无巨细**。作为活动的主办方，一定要思考全面，对活动中能够投保的地方都进行投保，这样才能使活动安全、顺利地进行。

> **Tips**：在做活动责任规避时，一定要选择正规的大型保险公司进行合作，这样才能确保在遇到突发事件后能够有专人来进行对接，商榷理赔方案。当然，在合作之前也一定要货比三家，要多看、多咨询，这样才能确保活动投保的全面性。

第 8 章

活动策划的原则

我们在做任何事情时，都会去寻找方式、方法，以使事情做起来更容易。做活动也是如此，只有掌握了活动策划的规律和原则，才能在活动中如鱼得水。本章，笔者就来总结归纳活动策划的原则，帮助你从活动策划小白迅速成长为活动策划高手。

8.1 便于创意落地

创意再好，但如果不能落地，也只能是白搭。那么，我们到底该如何将创意落地呢？笔者就来针对这一问题进行详细讲解。

8.1.1 使创意落地的方法

（1）**结合实际情况进行策划**。在策划活动的时候，策划人员要根据现场的实际物料情况来对活动进行策划，做到对剩余物料的有效利用。这样才能最大限度地为企业节省开支，从而确保活动的顺利进行。

（2）**与执行人员提前沟通**。如果想让活动创意切实落地，那么策划人员还需要与执行人员提前进行沟通，倾听一线执行人员的想法，确保创意能够被他们顺利执行。只有这样，才能保证一线执行人员能够听得懂创意，同时使创意切实落实到位。

（3）**在脑海中进行推演**。在策划活动时，策划人员还需要针对活动创意在自己的脑海中进行推演，想象一下自己的创意到底该如何执行。这样策划人员才能真正意识到活动是否可以落地。

8.1.2 使创意落地时应注意的问题

使创意落地时应注意如下问题。

（1）**沟通要趁早**。针对活动创意，策划人员与一线执行人员一定要趁早进行沟通。这样才能给自己和执行人员留有调整方案和解决问题的时间，进而在活动正式开始时能够顺利地开展，将创意付诸实践。

（2）**沟通要彻底**。在针对活动创意进行沟通时，一定要确保沟通的彻底性。策划人员要讲清楚自己的创意，一线执行人员要讲明白自己到底能否执行、怎样执行，这样才能确保活动创意的切实落地。

（3）**切忌异想天开**。策划人员在对活动创意进行构思时切忌仅凭想象、异想天开。策划人员一定要切实了解企业的技术水平和执行水平，这样才能最大限度地避免意外的发生。

（4）**查阅既往活动**。如果有可能，活动的策划人员还需要在策划活动前查阅之前所发布的活动案例。只有这样，策划人员才能够真正、直观地了解企业的执行水平与技术水平，进而有根据地进行创新和策划。

> **Tips：** 在使活动创意落地前，一定要搞清楚企业的技术水平和执行水平，反复查阅既往活动案例，这样策划人员才能有根据地对活动进行策划。当然，策划人员还需要在策划之前注意和一线执行人员进行有效沟通，这样才能互相了解，确保活动创意切实执行到位。

8.2 植入创意

一个成功的活动离不开好的创意，所以策划人员在策划活动时，一定要注意在活动中植入创意。活动中的某个环节，一定要给参与者一种眼前一亮的感觉，这样参与者才会觉得参与这次活动很值，进而记住这次活动。那么，策划人员该如何在活动中植入创意呢？笔者来为大家揭开这一问题的答案。

8.2.1 如何在活动中植入创意

（1）**利用高新科技**。比如，现在是新媒体时代，那么在活动中就要用到二维码等元素，从而使参与者感觉你的企业与时俱进。

（2）**利用新兴科技**。近年来，VR、人工智能、智能穿戴设备比较火热，也是大众提到比较多的新兴科技。那么，企业在活动中就可以植入这样的元素。比如，一按戒指就可以进行 PPT 演讲等，这些小细节同样可以使参与者眼前一亮，感受到新兴科技就在身边。

（3）**剩饭新炒**。比如，原本的颁奖环节是由嘉宾将奖状发放到获奖者手中，那么你可以换种方式——利用无人机、智能机器人来进行颁奖，这同样能够给参与者眼前一亮的感觉。

（4）**与时俱进**。在正式开始策划活动之前，策划人员要搜集海量活动内容，看一看竞争对手和同行都是怎样策划同类活动的，从而确保活动与时俱进。与此同时，还要注意查看当下年轻人都在用什么社交软件、关注哪方面的内容，之后将这些运用到活动中。只有这样，参与者才能够感受到活动的新颖性，进而对企业产生好感。

8.2.2 在活动中植入创意时应注意的问题

在活动中植入创意时应注意如下问题。

（1）**场地的局限性**。如果需要在活动中展示 VR 设备，或者利用可穿戴设备来进行操作，那么要考虑到信号接收及 Wi-Fi 等问题，在活动之前要反复测试，从而确保在活动正式开始时能够万无一失。

（2）**创意的新颖性**。策划人员自身眼界有局限性，有些高新科技虽被其认为新颖，但其实已经泛滥。这是策划活动的大忌。因此，在活动之前，一定要注意查阅同行的活动，确保自己的创意足够新颖，能够让大多数参与者闻所未闻，这样才能起到冲击思维的作用。

（3）**执行上的难易度**。固然有些高新科技很新颖，但在展示和执行上非常困难，往往需要绝对安全及平稳的 Wi-Fi 信号，或者需要很多工作人员参与。如果真是如此，为了确保活动的顺利进行，笔者在此建议活动主办方将这个环节省去。一定要选择一些容易展示的内容在活动中进行展示，否则一旦展示不成功，就会造成时间上的浪费，甚至使企业陷入尴尬境地。

> **Tips**：在策划活动时，策划人员可以利用高新科技、新兴科技、剩饭新炒、与时俱进的方法将活动推向高潮，让参与者有眼前一亮的感觉。只有这样，参与者才会被活动所吸引，进而记住这次活动。

8.3 确保活动内容吻合主题

在活动中，活动内容吻合主题也是尤为重要的。只有当参与者参与活动后能够轻易地了解活动的主题、传递的信息，参与者才能够记住企业，并对企业的产品产生兴趣，进而在有需求时想起企业。那么，该如何确保活动内容吻合主题呢？本节就针对这一问题进行详细阐述。

8.3.1 确保活动内容吻合主题的小技巧

（1）**反复重复主题**。如果在活动中穿插一些其他表演，那么主持人要在串场时通过反复重复活动主题的方式，来告知参与者举办这次活动的目的，以及活动主题到底是什么。这样，参与者便在不知不觉中形成记忆，进而在有需要的时候自发联想到品牌，并去购买。

（2）**在活动中添加主题元素**。如果策划人员觉得活动主题无法突出，那么还可以在活动的每个环节中添加主题元素。比如，这次活动的主题是"中华文化"，那么可以在活动的服务人员或表演者身上添加诸如中国结、国画等经典中华文化元素，以确保活动内容吻合主题。

8.3.2 确保活动内容吻合主题时应注意的问题

确保活动内容吻合主题时应注意如下问题。

（1）**渲染要柔和**。在活动中一定注意渲染要柔和，要让参与者感觉主持人是在自然过渡，而非硬性地因为要迎合主题而刻意渲染，这样才能够提升参与者的观感。

（2）**主题元素不宜泛滥**。如果要在活动中添加主题元素，那么一定要确保主题元素不泛滥，否则就会给人一种刻意渲染主题的感觉，从而影响参与者的体验感。

Tips：如果想使参与者记住这次活动，并对活动内容产生深刻印象，就一定要确保活动内容吻合主题。这里有两个小技巧可以帮你快速突出主题：反复重复主题，在活动中添加主题元素。只有做到这两点，才能使参与者接收到关于活动主题的信息，进而在无形之中记住活动和品牌。

8.4 刺激大众踊跃参与

别管发起什么活动，只有大众愿意参与，才能起到渲染气氛、吸引更多意向客户的作用。因此，刺激大众踊跃参与也是策划活动所要遵循的一个原则。

8.4.1 刺激大众踊跃参与的方法

下面，笔者根据实操经验总结了一些刺激大众踊跃参与的方法，供大家在日常工作中参考使用。

（1）**奖励激励法**。奖励激励法比较好理解，即活动主办方通过奖励礼品的方法来刺激大众参与活动。也就是说，只要是活动的参与者，就能够获得一份礼品。在礼品的刺激下，相信会有很多人愿意参与活动。

（2）**趣味吸引法**。趣味吸引法，即活动主办方将活动办得有趣一些，找一些有趣的人来进行一些有趣的互动。因为有趣，所以很多人会自发地参与活动，这就在无形之中使主办方达到了渲染活动现场热闹气氛的目的。

（3）**主动互动法**。有些时候，大众不是不愿意主动上台参与互动，而是碍于面子不敢主动参与互动。这就需要活动主持人给大众一些勇气，比如可以主动拉一些人到台上参与互动。

（4）**自己人参与法**。很多人看到没有人主动上台参与，所以自己也不会主动参与到活动现场的互动中来。这时，企业可以安排一两个自己的员工率先参与互动，从而吸引大众主动参与。

8.4.2 刺激大众踊跃参与时应注意的问题

刺激大众踊跃参与时应注意如下问题。

（1）切忌强制。刺激大众踊跃参与活动绝不能强制，如果围观者确实不愿意参与，那么主持人也不要强拉他们上台，否则只会使主持人陷入被动之中，甚至出现一些小摩擦，得不偿失。

（2）不断渲染。这需要活动主持人拥有丰富的临场经验。活动主持人在主持互动活动时，一定要仔细观察，看台下有没有想要参与，但碍于面子不敢上台的人。如果有，主持人就需要不断地进行语言渲染，为他鼓劲，使其产生上台参与的勇气，进而自发参与。

（3）礼品要有诱惑力。如果主办方选择用礼品来刺激围观者参与，就一定要确保礼品有诱惑力。只有这样，围观者才能够真正被吸引过来参与活动。

> **Tips：** 在刺激大众踊跃参与活动时，一定要注意切忌强制，要让大众自发参与活动。只有这样，才能带给参与者良好的体验，使他们记住企业，并对企业产生好印象。

8.5 实现转化

任何活动的最终目的都是实现转化、促成交易，那么活动的主办方在活动中又该如何实现转化呢？本节，笔者就根据这一问题进行详细阐述，帮助主办方提升活动中的成交率。

8.5.1 如何在活动中实现转化

一般情况下，在大型活动中要想实现转化，有以下几种方式。

（1）空隙介绍法。空隙介绍法比较好理解，即活动主办方找一些促销人员，在活动的休息间隙或表演间隙对活动参与者进行企业及相关产品的促销策略的讲解，使参与者更加了解企业及产品，进而促使有购买意向的人去购买。

（2）**定金支付法**。如果在活动中看到有人想要购买产品，但犹豫不决，那么促销人员不妨使用定金支付法，使其先付一小部分定金，而且允许其支付定金后反悔。这样，参与者并没有损失什么，虽然看上去企业也没有赚到什么，但在无形之中增加了参与者购买产品的决心，进而使参与者在活动结束后果断支付剩余款进行购买。

（3）**POS机现场支付法**。可能在活动中有很多人想要购买产品，但因为一时手头上没有现金而不得不放弃，这就在无形之中使企业流失了很多订单。因此，企业一定要在活动现场备好POS机，从而能够最大限度地留住意向客户，方便其购买产品。

（4）**记录基本信息法**。记录基本信息是企业在大型活动中的惯用手法，可以方便企业在活动结束后针对活动参与者进行电话营销。当然，要记住一点，不要反复打电话，否则会对参与者造成骚扰，从而使参与者对企业产生不良印象。

（5）**饥渴营销法**。这种方法其实并不少见，即主办方反复强调优惠的即时性，强调优惠策略在活动结束后再难遇到，从而使参与者产生紧迫感。在这种心态下，参与者很容易产生购买冲动，进而促成交易。

8.5.2　实现转化时应注意的问题

实现转化时应注意如下问题。

（1）**不要夸大承诺**。很多促销人员在活动现场由于受到活动氛围的影响，喜欢夸大企业的能力，承诺一些企业根本无法做到的事情。促销人员一定要避免这一点，否则，企业就会陷入被动，购买者不愿意再回购，甚至对企业产生负面印象。

（2）**不要触及法律**。在根据活动中所搜集到的信息进行电话营销时，一定要注意拨打电话的次数和频次，千万不要对参与者造成骚扰，否则只会让参与者对企业产生厌烦感，严重者还会触及法律。

(3) **不要恶意强制**。要知道，促销人员只能在活动中引导参与者购买，如果参与者实在不愿意购买，促销人员也不应该使用限制人身自由、强制讲解营销策略等方法将参与者留在活动现场，否则，参与者会有一种被绑架的感觉，进而对企业彻底失去信任。

> **Tips**：要想在活动现场实现转化，一定要注意参与者的观感，千万不要给参与者一种被绑架或强迫购买的感觉，否则，只会使参与者对品牌产生厌烦感，严重者还会触及法律。

8.6 产生轰动效应

活动的最终目的是营销，如果活动产生不了轰动效应，那么再好的创意都只能是空谈。因此，如何使活动产生轰动效应就显得尤为重要了。本节就来针对这一问题进行详细探讨。

8.6.1 使活动产生轰动效应的方法

（1）**提前造势**。如果想使活动产生轰动效应，那么活动开始之前的造势必不可少。在活动开始前的半个月，主办方就要接连抛出关于活动的话题，从而引导阅读者进行讨论。这就在无形之中提升了大众的期待感，进而在活动正式开始时吸引更多人来参与。

（2）**编排故事**。好的故事是最能够吸引人的。因此，如果主办方想要使活动产生轰动效应，那么不妨为活动编排一个感人的故事。这样，接收到信息的人在了解了故事后，就会自发地参与到活动中来。

（3）**大张旗鼓**。这是一种最直接也是最简单的方法。无论是在宣传阶段，还是在活动的正式开展阶段，抑或是活动结束后，都要大张旗鼓地将活动信息释放出去，尽可能争取最大曝光度，这同样能够起到吸引人们参与的作用。

（4）**媒介宣传**。众所周知，重磅媒体一直都是大众关注的热点。如果企业拥有媒介资源，就可以邀请其来做宣传。这样，重磅媒体在铺天盖地地讨论企业的这次活动的同时，自然也就产生了引爆效应。

（5）**制造事件**。为了使活动产生轰动效应，主办方还可以制造一些事件。比如，最近军旅题材的影视剧比较火热，那么主办方就可以邀请一些军旅题材的影视剧主角到活动现场与大家见面交流。军旅题材影视剧的主角本身就是明星，与大家面对面就是焦点了，大家的关注度自然就会提升上来。但要切记，制造事件一定要制造一些中性事件，主旋律应该是积极、健康的，千万不要制造一些触及道德底线的社会事件，否则只能对企业产生负面影响。

8.6.2 使活动产生轰动效应时应注意的问题

使活动产生轰动效应时应注意如下问题。

（1）**不要触及法律和道德底线**。如果企业想要靠制造事件来博眼球，那么一定要制造一些弘扬主旋律，至少让大众易于接受又眼前一亮的事件。千万不要为了使活动产生轰动效应而制造一些触及道德和法律底线的事件，否则会被大众视作恶性营销，进而损伤企业/品牌在大众心目中的形象。

（2）**不要影响正常生活秩序**。有些企业在线下活动中为了产生轰动效应，会使用高音喇叭或悬挂很多热气球。如果是在市区内，或者离居民楼比较近的场地，就不合适了——会影响附近居民的正常生活秩序，不但起不到引导大众参与和关注活动的作用，严重者还会触及法律。

（3）**宣传内容要有内涵**。活动前期的宣传内容一定要有内涵。企业要切实传递出一些实质性的内容，这样大众才会对企业有一个良好的认知，进而自发地参与活动。如果企业在前期宣传时只做硬性推广，而没有传递出实质性的内容，往往会使大众产生反感之情。

（4）**要给大众一些谈资**。在为活动进行前期的宣传造势时，一定要给大众一些谈资，即给予大众宣传这次活动并邀请别人来参与活动的理由，这样才能吸引更多的人参与到活动中来。

> **Tips**：如果想使活动产生轰动效应，就一定要在活动正式发起之前进行良好的造势宣传。在宣传时，不仅要向大众传递一些实质性的内容，还要给大众一个向别人推荐这次活动的理由。这样才能够使活动便于传播。当然，在使活动产生轰动效应的同时，也要注意不要影响他人生活，不要触及法律。

8.7 迅速处理危机

在活动现场，除活动内容的新颖性外，主办方对危机事件的处理速度也影响着活动参与者对活动的观感。那么，活动的主办方如何才能够做到迅速处理危机呢？本节就来针对这一问题进行详细解析。

8.7.1 如何做到迅速处理危机

（1）**专人负责**。当活动中出现危机事件时，要确保有一个应激小组第一时间站出来解决问题，同时，也要确保活动现场秩序不混乱。这就需要主办方在活动现场安排专人/专门的小组来对活动现场的危机事件进行处理。

（2）**及时安抚**。当危机事件来临时，作为活动的主办方的企业千万不要一躲了之，一定要在第一时间对当事人进行安抚。只有这样，参与者才能够最大限度地感受到企业负责任的态度，进而对企业产生信任感。

（3）**当面沟通**。如果解决危机事件需要企业负责人与其他组织/企业打电话沟通解决，那么，在条件允许的情况下，最好当着参与者的面来打电话，让参与者清楚地知道这件事情已经解决到了哪种程度，企业是否在积极解决问题。只有这样，才能最大限度地消除误会，使参与者对企业重建信心。

8.7.2 迅速处理危机时应注意的问题

迅速处理危机时应注意如下问题。

（1）即时性。 在遇到问题时，企业的相关人员一定要在第一时间出现在参与者面前，从而使参与者对企业产生良好的印象，进而对品牌产生信任感。如果企业在活动中并没有选择第一时间出现并解决问题，就会给参与者一种非常恶劣的体验感，进而使参与者对品牌失去信心。

（2）连续性。 在处理危机事件的时候，一定要注意连续性，要让参与者明确知道企业一直在积极沟通、处理问题，这样才能建立起参与者与企业之间的信任。

（3）追踪结果。 在为参与者处理危机事件时，一定要注意追踪事件的处理结果，让参与者真实地感受到企业在处理事件时对结果负责，对参与者的人身安全及财产安全负责。这样，参与者才能够感受到企业负责、严谨的态度，进而重建对企业的信任。

> **Tips：** 活动的主办方在处理危机事件时，一定要本着积极应对、及时处理、连续追踪、注重结果的态度。只有这样，参与者才能够感受到企业负责、严谨的态度，从而重建对企业的信任。

8.8 满足舒适需求

策划人员在策划活动时也要考虑到参与者的舒适需求，这样才能够增加参与者逗留时长，进而使他们转变为企业的客户。那么，企业在活动中该如何满足参与者的舒适需求呢？本节就来针对这一问题进行详细阐述。

8.8.1 如何满足参与者的舒适需求

参与者的舒适需求具体可以分为如下几类。

（1）交通需求。 在策划活动时要注意参与者的交通需求，一定要将活动地点选在交通便利的地方。只有这样，参与者才愿意坐车前往，否则会造成参与者的流失。

（2）**餐饮需求**。有些活动本身的确很好，但由于活动现场附近没有餐饮店，导致参与者因为就餐问题而离开活动现场。参与者一旦离开了活动现场，很有可能就不会返回，这就在无形之中使企业丢失了很多订单。因此，在活动现场增设餐饮摊位非常有必要。

（3）**休憩需求**。去参与一场大型活动，参与者肯定会感到劳累。那么，活动的主办方就应该考虑到这一点，在活动现场增设一些休息的座位，让参与者能够坐下来好好休息。只有这样，参与者才能够打起精神，继续参与活动。

（4）**如厕需求**。如果参与者在活动现场找不到如厕的地方，那么参与者难免会陷入尴尬境地，进而在生理问题的驱使下离开活动现场，到其他地方如厕。参与者一旦离开，回来继续参与活动的可能性就会很小。因此，必须确保活动现场附近有如厕的地方。

（5）**温度需求**。在夏天和冬天，参与者对温度也是有需求的。如果活动现场太热或太冷，参与者就会感觉不舒服，从而离开活动现场。因此，活动的主办方一定要考虑到这一点，做好活动现场的温度调节。只有这样，参与者才能够舒服地参与活动，从而有一个良好的体验。

（6）**主动权需求**。活动的主办方需要在活动现场安排讲解员和促销员，但千万不要太多。毕竟，很多参与者参与活动的目的是享受其中，而非一直听讲解员和促销员讲话。这时候，主办方要满足参与者想要获取主动权的需求，给参与者一些空间，让他们自行参与活动——他们在遇到问题时，或者想要购买时，自然会来询问讲解员或促销员。

（7）**获得实惠的需求**。既然参与者选择参与活动，就意味着他们渴望通过一个实惠的活动价格来买到商品。因此，活动的主办方也要考虑到参与者想要获得实惠的需求，进而最大限度地让利，让参与者愉悦地选择购买。

8.8.2 满足参与者的舒适需求时应注意的问题

满足参与者的舒适需求时应注意如下问题。

（1）**服务质量**。活动的主办方一定要确保服务质量，让参与者最大限度地感觉到舒适，这样他们才能够对企业产生好感。

（2）**人流量**。主办方还要考虑到人流量的问题，估算一下所提供的餐饮点、休憩点、如厕点是否可供所有参与者使用，以及在使用的过程中是否会出现冗员现象，是否会因为人员流量大而对参与者有所怠慢，从而决定是否需要增设服务点。

> **Tips**：在策划活动时，除要搞好活动主题与内容外，对于参与者的体验感也要充分考虑到，应尽量满足参与者的舒适需求，这样参与者才愿意留在活动现场，进而去购买。

8.9 确保活动现场安全

在大型活动中，活动现场的安全也是决定参与者能否安心参与活动的关键。如果活动现场发生事故、意外，参与者对企业的信任度就会直线下降。因此，作为活动的主办方的企业一定要确保活动现场的安全。只有这样，才能让参与者对企业产生信任感。

8.9.1 如何确保活动现场安全

（1）**与专业的安保公司合作**。在很多大型活动中，活动现场的安全都由专业的安保公司来负责。这样做的好处是，能够增加安保的专业度，同时，也能够最大限度地减轻活动主办方的压力，使企业专注于活动内容，做好本职工作。

（2）**与公安等部门合作**。如果活动规模比较大，而且影响力比较大，那么主办方可以与公安部门合作，从而提高活动现场安保工作的专业度。这样还能够在第一时间遏制恶性事件的发生。

（3）**自建安保体系**。如果主办方不具备与其他企业合作的能力，那么也可以利用企业的安保人员，即从自己的企业中抽调一部分安保人员作为活动安保人员，自己搭建安保体系，确保在出现突发事件时能够有人在第一时间去处理。

8.9.2 确保活动现场安全时应注意的问题

确保活动现场安全时应注意如下问题。

（1）责任到人。 对于活动现场的安保工作，一定要注意责任到人，要有专人负责跟踪处理，这样才能最大限度地保证参与者的人身和财产安全。

（2）进行预演。 在活动举办之前，一定要带着活动的安保人员熟悉场地，甚至针对活动进行安保预演。只有这样，活动的安保人员才能对活动场地非常熟悉，进而在正式的活动中表现出绝佳水平。

（3）不留死角。 活动现场的安保一定要确保不留死角，这样才能够尽可能地将活动中的危险性降到最低。

> **Tips**：如果想要保证活动现场的安全，就一定要做到责任到人、进行预演、不留死角。当然，如果有必要，主办方还可以将活动的安保工作交由专业的安保公司或公安部门，这样才能做到专业的人做专业的事情，进而最大限度地确保活动现场的安全。

8.10 搜集有效信息

企业举办一次活动，绝不只是为了赚取曝光度，而是要切实解决企业的营销问题。那么，如果活动现场的成交量不尽如人意，那么企业该如何弥补呢？答案就是尽可能地搜集有效信息。这样，企业还可以通过这些信息来对参与者进行后续的跟踪营销。

8.10.1 如何做好有效信息的搜集

在活动现场，企业如果想要通过搜集有效信息的方式来对参与者进行后续营销，那么需要思考的问题是，到底怎样的信息才是企业最为需要的？在这里，笔者总结了一些常见的必填资料，供大家在日后的工作中参考使用。

（1）**姓名、电话**。姓名、电话自然不必多说，企业如果想进行后续的营销活动，就必须与参与者建立联系，那么，得知对方的姓名和电话就显得尤为重要了。

（2）**邮箱**。虽然现在邮件营销已经不再流行，但依旧有很多人每天会关注邮箱。因此，在大多数企业选择放弃邮件营销时，企业要适当地进行邮件营销，这也是一种可以提升企业曝光度的手段。

（3）**微信**。现代人几乎每天都会登录微信，更有一些企业甚至将微信视为沟通工作的一种重要工具。因此，营销人员添加对方微信，无异于让对方向企业的营销人员敞开心扉。营销人员可以每天适当地发布一些企业的相关信息，从而在潜移默化中让参与者变成企业的意向客户。

（4）**QQ**。企业的营销人员在知道了参与者的 QQ 后，就可以随时与参与者建立联系，进而在 QQ 上进行有效沟通，将企业的相关信息传递给参与者，让参与者变成企业的意向客户。

（5）**职务**。很多企业销售的产品并不是普通的衣物，而是汽车、广告位等。这就需要企业能够找到参与者所在企业的直接负责人，从而达成合作。因此，搜集参与者的职务这一环节必不可少。在活动结束后，企业可以根据参与者的职务，有选择地进行营销。

（6）**偏好**。在促销过程中，了解参与者的偏好也尤为重要，因为这是使对方倾吐心声、敞开心扉的钥匙。因此，在活动中也要注意对参与者的偏好的搜集，了解对方的偏好，这样才能够拉近彼此之间的距离。

（7）**对本次活动的看法**。如果有可能，还需要搜集参与者对本次活动的看法，这样才能够从侧面看出企业在参与者心目中的地位，进而以此为话题，有针对性地进行后续营销。

8.10.2 搜集有效信息时应注意的问题

搜集有效信息时应注意如下问题。

（1）**确保信息的真实性**。在进行信息搜集时，一定要确保信息的真实性。只有搜集到的信息是真实的，企业才可以针对这些真实信息进行后续的营销活动。

如果源头信息就不是真实的，那么后续营销活动做得再好也无济于事。

（2）**进行软性引导**。在搜集信息时，一定要尽可能地做到软性引导，让参与者自愿填写。只有这样，才能最大限度地使后续营销变得顺利。

（3）**尊重参与者的意愿**。如果参与者实在不愿意填写信息表，那么工作人员也不要逼迫其填写，否则，只会造成参与者的反感，甚至拒绝再度关注企业。

（4）**使用礼品刺激**。如果活动现场填写信息表的人员比较少，那么企业可以通过发放礼品的方法来刺激参与者填写。

> **Tips**：如果企业想要针对活动的参与者进行后续的营销活动，就一定要做好有效信息的搜集工作，最大限度地确保参与者所填信息的真实性。同时，还要最大限度地避免给参与者强制填写的感觉——可以使用发放小礼品等方法来刺激参与者填写。

第 9 章
如何策划不同类型的活动

众所周知，不同类型的活动有着不同的侧重点。如果策划人员笼统地将所有活动按照一个套路来策划，那么一定会显得生硬，且达不到预期的效果。本章，笔者根据多年实操经验，总结了公关活动、大学生活动、会展展览类活动、促销类活动、分享讲座类活动、团建竞赛类活动、儿童成长类活动、公益关爱类活动、兴趣同好类活动、旅行类活动的策划重点，帮助策划人员找到活动策划的核心，玩转不同类型的活动策划。

9.1 如何策划公关活动

品牌公关活动,是很多企业每年都要发起的,但为什么总是无法让参与者记住呢?为什么在进行营销时有很多人会对企业产生不信任感呢?本节就来针对上述问题进行详细解析。

9.1.1 策划公关活动的核心

(1) **目标明确**。公关活动的目标决定着活动能否顺利开展,以及活动能否达到预期效果。如果活动的目标定位不清,那么在执行的过程中就会造成人力与物力的浪费,同时还会使活动的策划时间延长,甚至影响活动如期开展。因此,一定要在活动的策划初期就确定好活动目标,以目标为导向进行活动的策划与执行。

(2) **卖点集中**。在策划公关活动时,一定要确保活动卖点集中,可一次活动主打一个卖点。这样能够使参与者清楚卖点信息是什么,进而在脑海中形成品牌印象,便于促成购买。

(3) **个性突出**。既然是公关活动,就一定要让参与者记住品牌。怎样才能让参与者记住品牌呢?这就需要策划人员在活动中利用各种资源来使品牌具有个性,在活动中传递出品牌的文化和理念。只有这样,参与者才能够在脑海中加深对品牌的印象。

9.1.2 策划公关活动时应注意的问题

策划公关活动时应注意如下问题。

(1) **避免资源浪费**。举办一场大型公关活动往往要耗费大量的人力与物力。因此,策划人员在策划活动时就应该将这些考虑到,注意资源配比问题,最大限度地避免人力及物力资源的浪费。这样才能够保存企业实力,避免因过度浪费而造成资源紧缺。

(2) **注意及时沟通**。大型公关活动不可能由一两个人来完成所有策划与执行任务，必须通过团队紧密配合，这样才能使公关活动顺利开展，并获得预期成效。所以，活动的策划与执行人员需要做到及时沟通，有不明白的问题一定要在第一时间说出来、讲清楚，这样才能确保活动达到预期效果。

（3）注重细节。公关活动的细节更能体现出企业的专业度和企业文化，因此活动的策划与执行人员应当具备全局观念，将活动的细节之处做好。这样才能够树立企业的正面形象。

9.1.3 案例：以 N 公司的公关活动为例详解如何策划公关活动

N 公司是以销售奶茶闻名的公司，现在有一款新型辣口奶茶需要打入市场，售价为 18 元一杯。N 公司的惯用颜色是肉色，品牌一向以年轻、创新、服务完美、贴心关怀著称。如果你是 N 公司的策划经理，你会如何策划这次活动呢？

根据上面案例的背景资料可知，N 公司销售的是奶茶，现在想要主推一款新型辣口奶茶，售价为 18 元一杯；N 公司惯用的品牌色是肉色，品牌形象是年轻、创新、服务完美、贴心关怀。

因此，N 公司的这次营销活动可以这样策划：在大型商业街开展赠饮及表演活动，活动所用物料的主题色是肉色，主推新型辣口奶茶。另外，赠饮奶茶杯可以使用运动塑料奶茶杯（喝完以后还可以当作便捷的运动水壶），同时配上一块速干小毛巾（毛巾颜色为肉色，并印有公司的 Logo）。这样，在活动中，企业的品牌形象和主推产品就能够被凸显出来了。

> **Tips：** 在策划品牌公关活动时，一定要围绕一个卖点来进行策划，同时在活动中一定要随时随地想办法增加企业的固定元素，如主题色、企业的 Logo 等。这样才能够加深参与者的印象，进而使参与者记住品牌和产品。

9.2 如何策划大学生活动

众所周知，学生是最容易被外界事物所吸引和引导的一部分人群。因此，有的企业便根据这一点，不断地策划校园活动，进而赢得了大批意向客户。那么，策划大学生活动的核心是什么？该注意哪些问题呢？本节就来针对上述问题进行详细阐述。

9.2.1 策划大学生活动的核心

（1）**新颖性**。大学生属于年轻群体，因此，在策划活动时也要迎合这一群体的特性，策划一些新颖的活动。这样才能够打开大学生的眼界，调动起大学生的积极性，让更多的大学生参与到活动中来。

（2）**便利性**。在策划大学生活动时，一定要注意便利性，要让大学生能够很容易就参与进来，这样才能最大限度地使其记住品牌。

（3）**参与感**。在学校，学生才是主角，而且现代年轻人越来越喜欢突出自我，因此，策划的活动一定要具有参与感。这样，大学生才能够在好奇和渴望探究的心理的驱使下来参与活动。当他们发现自己是主角时，他们就会对品牌产生好感，也就在无形之中记住了品牌。

9.2.2 策划大学生活动时应注意的问题

策划大学生活动时应注意如下问题。

（1）**注意安全性**。在校园举办活动最重要的就是保证安全，只有确保活动现场的安全性，才能够说服校领导允许企业在学校继续举办接下来的活动。如果活动现场出现了安全事故，那么相信校领导与学生家长都会对品牌产生负面印象，进而拒绝企业再次在校园内举办活动。

（2）**注意时间问题**。校园是学生学习的地方，娱乐仅占一小部分。因此，企业一定要注意活动的时间问题——为了不影响学生的正常学习，一定要选择在学生上完课后发布活动。这样不仅能够确保学生有时间来参与活动，还能够确保学生不会因为要参与活动而逃课。

（3）**做好提前沟通**。在举办大学生活动时，还应做好与校方的提前沟通，这样才能够使活动正式开始时得到校方的允许和支持，不至于陷入活动进行到一半却被校方清场的尴尬境地。

(4) **调动学生组织**。在学校里，学生组织在学生心目中的地位可想而知。为了拉近与学生之间的距离，还应该尽可能地调动学生组织，拉拢学生组织和企业一起为活动进行宣传、策划、推广，这样才能使活动被更多的学生认可。

9.2.3 案例：以W服饰公司的校园推广活动为例详解如何策划大学生活动

W服饰公司最近想要在校园里进行一次推广活动，但其夏季服装的样式也就那么几种，且100~200元/件的服装很多。W公司实在找不到什么新颖的创意点在校园内进行推广活动。如果你是W公司的策划经理，你会策划什么样的活动？

根据上面案例的背景资料可知，W服饰公司想要进行一次校园推广活动，其产品是夏季服装，价格为100~200元/件。乍一看，确实没有什么新颖的创意点可以拿来做活动。那么，你接下来需要思考的就是，有什么创意点可以吸引学生？

答案其实很简单，每个学校都有喜欢画画的学生，基本都有艺术系、美术系。那么，W服饰公司就可以以"寻找校内最美夏装""你的夏装你做主"或"装出你模样"为主题，发起校园活动，吸引喜欢画画的同学在W公司提供的白色服饰上作画，并进行展览，让学生评出最喜欢的夏装图案。

> **Tips：** 策划大学生活动的核心在于新颖性、便利性、参与感，只有做到这三点，才能够最大限度地起到吸引大学生参与的作用。与此同时，还应注意活动的安全性、时间问题，并与校方、学生会提前打好招呼，这样才能够使整场活动既被校方支持又被学生喜爱。

9.3 如何策划会展展览类活动

很多行业都会定期举办会展，也有一些企业通过举办会展奠定了自己在行业中的地位。那么，策划会展展览类活动的核心到底是什么呢？在策划此类活动时又该注意哪些问题呢？本节就来针对这些问题进行详细阐述。

9.3.1 策划会展展览类活动的核心

（1）**突出行业动态**。在策划会展展览类活动时，一定要让参展企业了解到，目前这个行业到底发展到了何种程度，有什么新型的技术正在被应用，这个行业的关注点在哪里。这样参与者便能够通过活动了解行业，进而对产品产生兴趣。

（2）**第三方评价**。会展展览类活动的价值是通过第三方体现出来的，因此主办方一定要邀请一些具备权威性的媒体来进行报道。这样才能够最大限度地彰显活动的权威性，突出主办方的影响力。

（3）**全局性**。策划会展展览类活动一定要保证参展企业的全局性，让行业中具有代表性的企业都来参与。这样才能确保展会内容的丰富性，使参与者更加全面地了解行业。

9.3.2 策划会展展览类活动时应注意的问题

策划会展展览类活动时应注意如下问题。

（1）**提前预约**。在策划会展展览类活动之前，主办方一定要对所有参展企业提前进行电话沟通，并在活动前一天下午进行提醒。只有这样，才能最大限度地确保参展企业的到场率，从而为参与者呈现一次完美的活动。

（2）**会场保持清洁**。在会展展览类活动中，由于人流量大，因此难免会出现一些垃圾随手丢弃的问题。活动的主办方一定要想办法保持整个会场的清洁，从而给参与者以良好的体验。

（3）**亮点突出**。活动的参展企业还要确保自己展台的亮点突出。这样才能够吸引参与者来关注，让参与者感受到展会的魅力。

9.3.3 案例：以Y公司的展会为例详解如何策划会展展览类活动

最近，行业内有很多公司都开始研发触感门、人脸识别门。Y公司研制出了防盗自动报警门。于是，Y公司想要举办一次展会，并通过举办展会奠定行业地位，但不知道该以怎样的主题来发起活动，以及该如何举办展会。如果你是Y公司的策划人员，你知道该如何做吗？

根据上面案例的背景资料可知，行业内正在研发触感门、人脸识别门，Y公司的最新成果是防盗自动报警门。Y公司想要通过举办展会奠定行业地位。

因此，这次展会的主题就可以定为"未来生活""智能生活"，并邀请行业内比较领先的企业都来参展，让大众知道目前门业的发展状态，展示企业防盗自动报警门的风采，与此同时，邀请一些媒体来对这次展会进行报道。

Tips：主办方在策划会展展览类活动时一定要具有全局性，同时突出行业内的最新动态，并且邀请第三方媒体对活动进行报道。这样才能够使活动举办成功。当然，主办方也要做好参展企业的邀约工作，注意会场卫生，保持自家展台的亮点突出，这样才能够给参与者以良好的体验。

9.4 如何策划促销类活动

促销活动是企业经常举办的一种活动，那么，促销活动可分为哪几类呢？在策划促销活动时应该侧重哪些方面呢？在策划促销活动时又该注意什么呢？本节就来揭开上述问题的答案。

9.4.1 促销活动的种类

根据促销方式的不同，促销活动可以分为如下几类。

(1) 试用。试用比较好理解，很多化妆品企业都会在新品上市之前进行试用装的免费分发。这样，参与者在拿到试用装并且觉得确实好用时，就会选择购买及多次回购。

(2) 赠送。赠送在生活中也并不少见，即购买者在购买某件商品时还能够免费得到一件同样或同类的商品。这样不仅购买者得到了实惠，企业还能够通过赠要让参与者在听讲座的过程中能够切实解决一些疑惑，这样参与者才会有参与活动的动力。

（2）贴近生活。分享讲座类活动的讲座内容一定要贴近大众生活，让大众在日常生活中能够利用讲座内容解决实际问题。只有让参与者感受到活动与自己息息相关，才能够最大限度地调动参与者的积极性。

9.5.2 策划分享讲座类活动时应注意的问题

策划分享讲座类活动时应注意如下问题。

（1）时间问题。分享讲座类活动需要耗费大量的时间来听，因此一定要选择目标受众有大段时间来听的时候发起活动。只有这样，参与者才能静下心来，活动所分享的内容才能够被参与者记住。

（2）通俗易懂。无论主讲人有多么高的学历，都要明白讲座的目的是将专业的问题讲给所有人听。因此，讲座内容一定要通俗易懂，这样参与者才能够准确地知道主讲人在讲什么，进而将其所讲述的内容切实应用到生活中。

> **Tips**：分享讲座类活动的讲座内容一定要贴近生活，主讲人所讲述的内容要通俗易懂，使参与者在听完以后能切实解决生活中的实际问题。只有这样，参与者才会有兴趣参与下次的讲座活动。

9.6 如何策划团建竞赛类活动

很多企业内部都会不定期地举办一些团建竞赛类活动，那么，企业这么做的目的是什么呢？在策划团建竞赛类活动时又该注意哪些问题呢？下面笔者就针对上述问题进行详细阐述。

9.6.1　策划团建竞赛类活动的核心

（1）**对抗性**。对抗性是竞赛类活动的核心。一定要在策划活动的时候突出双方的对抗性，想办法激起双方对胜利的渴望。只有参赛者热血沸腾，才能够吸引更多的人来围观。

（2）**协作性**。协作性是团建活动的核心。无论采取怎样的活动形式，都应该很好地照顾到这一点，增加参与者之间的协作与互动机会。这样才能够切实达到策划团建活动的目的，使参与者之间互相了解，形成良性沟通。

9.6.2　策划团建竞赛类活动时应注意的问题

策划团建竞赛类活动时应注意如下问题。

（1）**营造氛围**。营造氛围对团建竞赛类活动来说非常重要。在团建活动中，要突出齐心协力、团队力量无限大的精神；在竞赛类活动中，要让参与者有一种紧迫感和求胜欲。只有这样，参与者才能够被活动氛围所感染，积极参与，使活动达到预期效果。

（2）**制定激励方案**。为了能够吸引更多人来参与活动，一定要制定一个非常合理的激励方案。所设置的大奖一定要足够吸引人，这样才能够使参与者拥有足够的热情参与到竞赛中来。如果是团建活动，就要在团队齐心协作完成一件事情之后，进行适当的鼓励和具有仪式感的表彰，这样才能够凝聚人心，便于团队成员日后在工作中互相配合。

（3）**公平性**。公平性是竞赛类活动的关键，因此一定要确保裁判的公平与公正。这样才能够使参赛者积极参与比赛，否则会大大挫伤参赛者的积极性，进而使参赛者对活动的发起者产生负面情绪。

9.6.3　案例：以商场的活动为例解析如何策划团建竞赛类活动

王经理是一家商场的总经理，现在他想要通过策划团建活动来促进各部门人员之间的交流，通过竞赛类活动来刺激公司内各部门的实力比拼。但是，王经理不知道怎样做才能够既使团队成员互相了解，又能够使活动不失去比拼和竞争感。如果你是王经理，你知道该如何做吗？

根据案例的背景资料可知，王经理策划活动的目的是使各部门成员互相了解，同时刺激各部门在专业度和实力上进行良性比拼。因此，活动中既要有团队项目，又要有比拼项目。

那么，王经理就可以通过全员绑腿跑、信任接力、密室逃生等小游戏来培养所有员工的配合度和默契度；同时通过部门长跑比赛、寻找比赛来刺激各部门的良性比拼。当然，在活动结束后一定要给胜利方进行颁奖，这样不仅能够增加各部门人员的凝聚力，还能够激起未获奖部门的获奖欲，进而在实际工作中努力提升能力，进行暗中比拼。

> **Tips**：在策划团建竞赛类活动时，一定要注意营造氛围。如果是团建活动，就一定要增加协作性；如果是竞赛类活动，就一定要增加对抗性。只有这样，参与者才能够被活动氛围所感染，努力表现，同时也能吸引更多的人前来围观，使活动达到预期的效果。

9.7 如何策划儿童成长类活动

有很多企业会针对儿童来发起活动，进而吸引一大批家长的追随。那么，儿童成长类活动该如何策划呢？在策划儿童成长类活动时又该注意哪些问题呢？下面就来针对上述问题进行详细解析。

9.7.1 策划儿童成长类活动的核心

（1）**互动性**。众所周知，孩子是不可能坐一下午或听谁讲一两个小时的。因此，一定要注意活动的互动性，要让孩子和家长真正地参与到活动中来，这样才能够最大限度地留住意向客户。

（2）**知识性**。活动一定要突出知识性，让儿童在参与活动的同时能够了解一些知识，这样家长才乐于让孩子参与，同时也能够最大限度地树立企业专注儿童成长，以及严谨、专业的形象。

（3）**益智性**。对儿童来说，智力开发非常重要，因此活动的益智性也要非常明显，最好在活动中能够让家长发现孩子不同的一面。这样既能够使家长对孩子多一些理解，也能够使孩子和家长对活动充满期待，对品牌产生信任。

（4）**便捷性**。既然活动需要孩子和家长共同参与，那么一定要注意活动的便捷性，不要把活动的参与方法设定得太难，而要让孩子与家长很容易就可以参与进来，并完成任务。这样才能够最大限度地起到刺激参与的作用，充分调动孩子与家长的积极性。

9.7.2 策划儿童成长类活动时应注意的问题

策划儿童成长类活动时应注意如下问题。

（1）**时常鼓励**。孩子与家长来参与活动时，无论是在活动中还是在参与完活动后，都要对孩子进行夸赞和鼓励，可将一些小礼物奖励给孩子。这样才能增加孩子的自信，使家长更乐于与孩子一起参与活动。

（2）**设置纪念奖**。在策划儿童成长类活动的时候，一定要注意设置一些纪念奖，让每位参与活动的孩子都能够得到礼品。这样才能最大限度地达到拉拢孩子、使孩子高兴的目的。如果孩子没有完成活动任务，且在参与活动后没有拿到礼品，就会大大降低自信，甚至出现哭泣等情况，这样家长就会陷入尴尬的境地，进而对品牌产生负面印象。

（3）**确保安全**。儿童成长类活动一定要注意安全性，这样家长才能够放心地让孩子参与到活动中来。如果活动现场的安全没有保障，那么家长便不会支持孩子参与活动，尤其当孩子因参与活动而受伤时，家长极有可能对品牌产生负面情绪。

9.7.3 案例：以儿童图书推广活动为例详解如何策划儿童成长类活动

赵经理经营着一家儿童图书店，现在有一批洞洞书需要打入市场。于是，他想要通过举办活动的形式使孩子和家长对这批书产生兴趣。但是，他不知道该如何策划活动。如果你是赵经理，你会如何策划这次活动呢？

根据上面案例的背景资料可知，赵经理经营的是一家儿童图书店，现在有一批洞洞书需要打入市场。所以，这次活动的目的就是推广洞洞书。

根据儿童成长类活动需要具备互动性、知识性、益智性、便捷性的特点，赵经理可以在活动现场设置若干动物、水果、车辆的洞洞书卡片，引导家长与孩子参与到竞猜游戏中来。只要孩子参与，就能够获得书店的纪念书签或纪念小玩偶。如果孩子能猜出两种及两种以上答案，就能够获赠洞洞书一本。这样，在活动中，孩子既能够认识更多的动物、水果、车辆，还能够与家长进行互动，让家长了解孩子的知识储备情况，同时开发了孩子的智力。

Tips：在策划儿童成长类活动的时候，一定要注意活动的互动性、知识性、益智性和便捷性，这样才能够极大地调动家长与孩子的积极性。当然，活动中对孩子的赞赏和奖励环节是必不可少的。

9.8 如何策划公益关爱类活动

几乎每个企业都会策划公益关爱类活动，但不是每个企业的活动都能够收获鲜花和掌声。那么，策划公益关爱类活动的核心是什么呢？在策划公益关爱类活动时又该注意哪些问题呢？下面就针对上述问题进行详细解析。

9.8.1 策划公益关爱类活动的核心

（1）**价值观传递**。公益关爱类活动最主要的就是，传递出企业关爱社会、关爱弱势群体，让世界充满爱的价值观。因此，活动一定要有一个口号，使品牌与价值观易于被大众所记住。

（2）**大众生活化**。在策划公益关爱类活动时，一定要使活动大众生活化，让关注者看得到企业切切实实地付出，以及真正地关爱某一群体。只有这样，大众才能够对企业产生信任感和认同感。

（3）具备普遍性。在策划公益关爱类活动时，一定要让受助人群具备普遍性，要尽可能多地让更多人得到资助，避免只关注一人或设立关注条件的现象出现，否则，只会给大众一种有利可图的感觉，进而使好事变成了企业的负面新闻。

9.8.2　策划公益关爱类活动时应注意的问题

策划公益关爱类活动时应注意如下问题。

（1）不要新奇。在策划公益关爱类活动时，一定要尽可能地避免活动内容的新奇感，不要给参与者一种企业只想哗众取宠、博眼球，不考虑受助者感受的错觉。因此，这样的活动不用出新，只需切实解决受助者的实际问题即可。

（2）全程透明。为了避免流言蜚语，一定要确保活动全程透明——从资金流向到资助全程，都要透明。这样才能让关注者感觉到公益关爱类活动是在切实解决受助者的实际问题，从而使大众对企业产生良好的印象。

（3）避免跟风。企业在策划公益关爱类活动时，一定要避免跟风，否则，会让大众质疑企业开展公益关爱活动的初衷，进而对企业产生负面印象。

（4）不要铺天盖地宣传。要知道，策划公益关爱类活动是一种献爱心、履行社会责任的行为。因此，主办方不要铺天盖地地宣传本企业都做了哪些公益关爱类活动。如果宣传过多，就会给大众一种不真诚感，进而使大众对品牌和企业反感。

（5）解决实际问题。公益关爱类活动一定要解决受助者的实际问题，让受助者切实得到实惠。比如，受助者家里没有壮劳力，而房屋又破损了，那么企业可以出资找人帮助受助者翻修房屋。再如，受助者的家里没有钱，那么企业可以资助受助者的孩子上学，或者给受助者的孩子提供进入本企业实习的机会，通过帮助孩子，使他们拥有赚钱的能力，从而改变家庭生活。

9.8.3　案例：以助学活动为例详解如何策划公益关爱类活动

又到了宣传期，李经理想要通过助学活动来对企业进行宣传。但是，以往的捐书、捐款、捐学习用品显得太过老套，同时也解决不了山村孩子无法获得优秀

第 9 章　如何策划不同类型的活动

师资的问题。如果单独资助一两个孩子，又显得企业另有所图。对此，李经理不知如何是好。他不知道该策划怎样的活动才既能解决受助孩子的实际问题，又能树立企业的良好形象，同时避免非议。如果你是李经理，你会如何策划本次活动呢？

根据上面案例的背景资料可知，李经理想要策划一次助学活动。他想要达成的活动效果是，既能够解决山村孩子师资力量不足的问题，又能够树立企业的良好形象，同时避免非议。

那么，企业可以从偏远山村师资力量不足这方面入手，以高管每年、每半年、每季度进村巡讲的方式，将社会见闻、高新科技带到山村中去，让孩子们了解外面的世界。

如果企业条件不允许，那么企业也可以通过捐赠电脑、搭建电波频率的方式，让偏远山村的孩子能够通过电脑、收音机了解外界。当然，企业还可以组织高管定期给偏远山村的孩子们写信、邮寄照片，帮助孩子们解决实际心理问题，同时开阔眼界。

> **Tips**：企业在策划公益关爱类活动时，一定要注意价值观的传递、活动的大众生活化，以及受助人群的普遍性。这样才能够最大限度地解决受助者的实际问题，同时使企业规避负面新闻和非议。另外，企业在策划活动时还要注意活动过程的透明化，避免跟风和大肆宣传。

9.9　如何策划兴趣同好类活动

在生活中，我们不难看到一些以兴趣同好为核心发起的活动，那么，这类活动如何策划才能达到预期效果呢？在策划这类活动时又该注意哪些问题呢？本节就来针对上述问题进行详细阐述。

9.9.1　策划兴趣同好类活动的核心

（1）创造舞台。在策划兴趣同好类活动时，一定要给参与者创造一个展示自己兴趣爱好的舞台，让他们展现在日常生活中无法展现的兴趣爱好。

（2）**技术交流**。在兴趣同好类活动中，一定要注意技术交流环节的设置，让参与者在活动中能够互相学习。参与者在活动中切实学到了一些东西，提升了能力后，就会持续追随企业，进而参与企业接下来的活动。

（3）**共融性**。虽然兴趣同好类活动的确是针对有着共同的爱好、兴趣的人群发起的，但也要注意共融性。在进行高端交流时，也要让对这方面感兴趣的新人加入进来，这样才能确保活动的参与度和火热度。

9.9.2 策划兴趣同好类活动时应注意的问题

策划兴趣同好类活动时应注意如下问题。

（1）**专业度**。策划兴趣同好类活动时，要确保活动的专业度，让参与者切实地感受到活动主办方是了解、关注他们这个群体的，这样参与者才能够产生进行交流和互动的兴趣。

（2）**门槛放低**。不要让一直对这一领域感兴趣，但没机会深入研究与学习的人有被拒之门外的感觉。活动的门槛要放低，这样才能让很多新人参与进来，从而确保活动参与者的人数。

（3）**树立榜样**。在兴趣同好类活动中一定要树立榜样，让同一领域的人知道其身边都藏着哪些"大神"，也可将"大神"请到活动现场，这样才能够刺激参与者为了追随榜样而去参与活动。

9.9.3 案例：以朗诵活动为例详解如何策划兴趣同好类活动

夏女士最近想要策划一次朗诵活动来为自己的普通话兴趣班、表演班进行招生宣传。但是，她不知道该如何策划活动内容。如果你是夏女士，你会如何策划这次活动的内容呢？

根据上面案例的背景资料可知，夏女士想要策划一场朗诵活动，目的是为自己的普通话兴趣班、表演班进行招生宣传。因此，夏女士可以以"谁是未来金话筒"为主题来策划此次活动。活动内容主要以儿童朗诵表演为主，并进行选秀；和话剧团、电视台合作，优胜者可参演话剧、登上卫视舞台。这样就给了爱好朗诵的儿童一个展示自我的舞台，同时，也起到了刺激参与的作用。在活动中，孩子们能了解自己在朗诵方面的不足，进而促进交流、学习。

> **Tips**：在策划兴趣同好类活动的时候，既要满足高端爱好者渴望交流、学习的需求，又要满足新人爱好者渴望入行钻研的需求；同时，也要给爱好者一个舞台，让他们尽情地施展个人风采。此外，注意榜样和领袖的树立。这样，参与者的积极性才能够被调动起来，进而自发参与活动。

9.10 如何策划旅行类活动

在生活中，我们经常会看到旅行类活动，如自驾、探险、重温等主题的活动，看起来既炫酷又轻松，沿途风景更是引人入胜。那么，旅行类活动到底该如何策划呢？在策划旅行类活动时又该注意哪些问题呢？本节就针对上述问题进行详细阐述。

9.10.1 策划旅行类活动的核心

（1）**路线**。路线是旅行类活动的核心。策划的路线一定要新颖，沿途的风景一定要引人入胜，或让人耳目一新，或险峻刺激。只有这样，参与者才能够产生参与活动的欲望，进而参与到活动中来。

（2）**新颖性**。旅行类活动一定要注意新颖性，策划人员可以在出行、吃、居住或体验方面进行创新。只有这样，参与者才能够对活动产生兴趣并参与活动，从而对企业产生好感。

（3）**统一性**。毕竟旅行类活动都在户外举办，因此在活动中可以通过帽子、汗衫、背包等细节突出统一性，也可以由活动主办方统一发放旅行卡片。这样安排既能够起到便于找到团队，避免参与者走失的作用，又能够在无形之中宣传企业和品牌。

9.10.2 策划旅行类活动时应注意的问题

策划旅行类活动时应注意如下问题。

（1）**体能极限**。策划旅行类活动时，一定要注意参与者的体能极限问题，尽量避免让参与者达到体能极限。一旦参与者产生劳累过度的情况，就很有可能发生危险，甚至危及生命。这一点一定要注意，应选择轻松、好走的路线。

（2）**舒适度**。参与者的舒适度也是重中之重。因此，一定要安排好参与者的衣食住行，这样参与者才会感到舒适，进而在企业下次发布活动时乐于参与。

（3）**安全度**。出门在外，一定要注意参与者的安全，应避免去一些未开发，或者可能出现危险的地方。最好提前为参与者购买人身意外伤害等保险，这样一旦出现意外就会有赔付，可以最大限度地保障参与者的权益。

9.10.3 案例：以郊游活动为例详解如何策划旅行类活动

夏女士是 E 旅行公司的经理，现在她想要在节假日期间发起一次郊游活动，但是考虑到参与者都是老人和小孩，因此不宜走得太远。这让夏女士犯了难，她不知道该如何策划这次郊游。如果你是夏女士，你会如何策划这次郊游呢？

根据上面案例的背景资料可知，夏女士想要发起一次郊游活动；她所面临的问题是参与者以老人和小孩为主，不宜走得太远。所以，夏女士可以将郊游路线设定在离市区不远的近郊公园、植物园、动物园内，并且发放 E 公司的 Logo 贴纸，作为统一的标识。参与者既可以自己坐车到达目的地，又可以随着夏女士安排的车辆到达目的地。在近郊公园、植物园、动物园内，夏女士可以设置寻宝、捡落叶、特色拍照、歌舞表演、野餐等小活动，来增加参与者的参与感。这样既能够让参与的老人和小孩感受到近郊公园、植物园、动物园的不同风光，又能够确保活动的安全性，不至于出现人员走丢等问题。

Tips：在策划旅行类活动的时候，一定要注意确定好活动路线，让参与者能够看到平日在生活中很难见到的风光；同时，也要注意活动的新颖性。只有这样，参与者才能够记住这次活动。另外，主办方也要考虑到参与者的体能极限、舒适度、安全度，这样才能确保活动顺利进行，给参与者以良好的体验感。

第 10 章

如何策划不同行业的活动

　　每个行业都有自己的特点，在策划活动时也要根据行业的不同特点来调整活动内容和侧重点。这样才能策划出行业的专属活动，让参与者眼前一亮。本章，笔者根据多年的实操经验，总结了主流行业活动的策划侧重点，帮助大家快速掌握自己行业的活动策划方法。

10.1 策划互联网行业的活动

近年来，随着互联网、新媒体的日趋火热，互联网行业也逐渐被大众认可，互联网企业开始策划各种活动，通过活动赚得盆满钵满。那么，互联网行业到底该如何策划活动呢？在策划活动时又该注意哪些问题呢？本节就来针对上述问题进行详细阐述。

10.1.1 如何策划互联网行业的活动

互联网行业最主要的是资源对接、信息传递、有流量。因此，企业在策划活动时也要围绕这三点来进行思考。

除此之外，在策划互联网行业的活动之前，企业需要针对现有资源进行整合。企业要思考企业是否拥有基本客户群、新旧媒体资源、异业合作资源——这些资源可以确保活动能够达到预期效果。

在整合完上述资源后，企业就可以开始进行活动的策划了。根据互联网行业专业度比较高，具备较高知识素养和学习能力的人才能真正了解活动内容的特点，企业在策划活动和推广产品时要为意向客户进行培训和讲解——讲清楚企业在产品中所使用的技术，以及产品能够为意向客户带来什么。

因此，在一般情况下，互联网行业的活动通常有如下几种。

（1）会议讲座。由于互联网行业技术的不断进步，互联网企业往往需要通过会议讲座的方式为大家讲解自己的产品，从而培养客户习惯、刺激客户购买需求。当然，企业在活动之前应主动邀请新老客户进行参与。

（2）资源对接。现在很多传统企业都需要与互联网企业进行资源对接，通过互联网企业所拥有的海量资源进行产品的推广，刺激企业自身产品的更新与迭代。因此，资源对接会必不可少。

（3）新媒体活动。由于互联网企业依托互联网营销的特点，因此在大多数情况下，企业会发起新媒体活动。企业在自己的新媒体账号中发布活动信息，将活动页面发送给新老客户，辅以奖励和礼品的刺激，就会被不断传播，进而引爆活动。

10.1.2 策划互联网行业的活动时应注意的问题

策划互联网行业的活动时应注意如下问题。

（1）**通俗性**。互联网行业在大多数人眼里都是非常难懂的，因此互联网企业在发布活动的时候一定要注意通俗性。即便所讲解的内容是非常专业的，产品使用了很多高新科技，也要用通俗的语言为参与者进行讲解。只有参与者明白了产品对其有何用处，才会选择购买。

（2）**便于传递**。由于互联网行业"流量即金钱"的特点，因此在策划活动时一定要注意活动内容要便于传递，给足参与者谈资。这样才能吸引更多人为活动做宣传，进而使活动产生引爆效应。

（3）**新鲜感**。策划互联网行业的活动一定要注意活动的新鲜感，要给参与者一种眼前一亮的感觉，这样参与者才能够被活动内容所吸引。

（4）**便捷性**。互联网行业并不像传统行业那样，企业可以面对面收款、客户可以触摸到真实的产品。因此，在活动中一定要注意便捷性，让参与者能够非常便利地在线付款，从而缩短参与者的购买时间，也让企业最大限度地争取订单。

10.1.3 案例：以传媒公司为例详解如何策划互联网行业的活动

王经理经营着一家传媒公司，现在他想要通过策划活动来将信息流广告打入市场。但是，他不知道该怎样策划活动内容。如果你是王经理，你会如何策划活动内容呢？

根据上面案例的背景资料可知，王经理想要通过策划活动将信息流广告打入市场。那么，你接下来需要思考的问题是，目标受众是谁？谁需要信息流广告？有多少传统企业了解信息流广告？

很显然，能够使用信息流广告的人群一定是拥有自有产品，并且需要在网络上进行推广的人群。那么，这样的人了解信息流广告吗？答案不得而知。因此，王经理接下来要做的事情是培养客户，让更多的企业及意向客户认识信息流广告、了解信息流广告。

所以，王经理可以以"现代传统企业转型"或"传统企业该如何赢在互联网时代"为主题，来发起一次讲座类活动。

> **Tips**：在策划互联网行业的活动时，一定要注意通俗性、便于传递、新鲜感和便捷性。与此同时，主办方要考虑到并不是所有人都了解互联网行业这一特点，因此不要给参与者设置过多障碍或使用专业名词进行交流，否则会将意向客户拒之门外。

10.2 策划教育行业的活动

随着大众对于教育和知识的渴求度不断飙升，现代教育企业已经不再拘泥于和学校合作招生，而是开始全面布局，不断曝光。和其他行业一样，教育行业也开始通过策划活动的形式来开拓生源。那么，那些叱咤教育行业的老手该如何策划活动才能促成报名呢？在活动过程中又有哪些问题需要注意呢？本节就来针对上述问题进行详细阐述。

10.2.1 如何策划教育行业的活动

现代教育行业除需要老师具备较高的专业素养外，还需要老师具备渊博的知识和幽默感，甚至是特长。只有让学生在轻松幽默的氛围中学到知识，大开眼界，才能使学生对老师产生崇拜感，进而持续报名学习。

因此，在策划活动之前，策划人员一定要思考清楚如下问题：活动的专业性，活动的趣味性，活动的新颖性。

思考完上述问题后，策划人员就可以开始对教育行业的活动进行策划了。现代教育行业的活动形式主要有以下几种。

（1）试听。这种形式被很多培训机构使用，即在得知意向客户的电话和姓名后，邀请其在统一时间来进行试听。当试听课过后，如果学生认可老师，就会自发报名。

（2）校园演讲。这是教育行业惯用的一种手段。很多教育机构会与各学校合作，通过演讲的方式告诉学生参加机构培训的必要性。这样，学生在听懂演讲内容之后，就会自发报名。

（3）平台合作。这种形式比较讨巧，一般适用于舞蹈等艺术类培训。简而言之，企业通过联系导演、艺术团长、电视媒体等进行合作，给学生创造一些展示和表演的机会。家长在看到别人家的孩子小小年纪就在巡回演出，或者上了大银幕时，也不愿意自己家的孩子落后，这就会促使家长给孩子报名。

（4）网络讲座。网络讲座是近年来兴起的讲座形式，即企业准备一些简短的网络课程上传至视频直播平台或免费的网络授课平台，或者进行义务宣讲。这样不仅能够使学生自由选择听课的地点和时间，还能够吸引感兴趣的同学进行线下报名，来听机构的线下课。

（5）社区活动。这样的活动形式在幼儿培训活动中比较多见，即培训机构到社区组织趣味运动会或趣味表演晚会，从而吸引幼儿参与。当然，除社区外，一些幼儿教育机构也会选择在商场举办这样的活动。

既然教育行业的活动有这么多种形式，那么在策划活动时企业又该如何选择呢？下面，笔者总结了一个思路图，供大家在日常工作中参考使用。

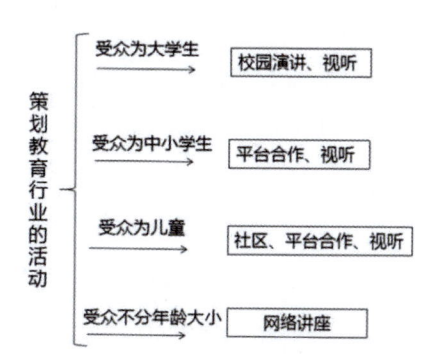

```
                        ┌─ 受众为大学生  ──→  校园演讲、视听
策划                    │
教育        ┤           ├─ 受众为中小学生 ──→  平台合作、视听
行业                    │
的活动                  ├─ 受众为儿童    ──→  社区、平台合作、视听
                        │
                        └─ 受众不分年龄大小 ──→  网络讲座
```

除上述活动形式外，还有一些培训机构会选择召开大型宣讲会来吸引生源。这种活动形式在几年前比较常见，现在已经不多见，因此这里不再讲述。

10.2.2 策划教育行业的活动时应注意的问题

策划教育行业的活动时应注意如下问题。

（1）教师个人魅力。近年来，教师的个人魅力、个人特长越来越被学生关注。与之前相比，现在学生更加喜欢在轻松、愉悦的氛围中上课。而且，学生更加喜欢具有一定个性的教师。因此，教师的个人魅力对教育行业的招生有着越来越重要的作用。在策划活动时，一定要选择让风趣幽默、具备某方面特长的教师来进行宣讲。

（2）活动气氛的渲染。与死板的传授相比，现在的学生更加喜欢自主探索、宣扬个性。因此，在活动中一定要将气氛渲染得有趣、幽默，同时让学生意识到自己的重要性，以及学习后得到的提升。只有这样，学生才会产生一种学有所得的感觉，进而选择报名。

（3）时间问题。时间问题是策划教育行业的活动时需要格外注意的，一定要选择家长与孩子都空闲的时间段来发起活动。这样才能够使学生和家长静下心来听，进而决定是否报名。

10.2.3 案例：以英语培训机构为例详解如何策划教育行业的活动

方老师创办了一家英语培训机构，主营儿童英语、大学英语等级考试、成人英语、出国英语等课程。现正值大学生开学之际，他想要招收一批新学员，为新学期大学英语等级考试备考班扩充生源。但是，他不知道如何策划招生活动比较合理。如果你是方老师，你会如何策划招生活动呢？

根据上面案例的背景资料可知，方老师想要在大学生开学之际为新学期大学英语等级考试备考班扩充生源。因此，目标受众是大学生。那么，方老师可以与学校合作，在高校开展大学英语四级考前动员会，以情景再现、情景模拟的方式，来告诉大学生考英语四、六级的重要性。

第 10 章　如何策划不同行业的活动

> **Tips：** 在策划教育行业的活动时，一定要注意教师的个人魅力，因为现代学生越来越喜欢追随具有个性的教师。因此，教师的个人魅力也成了争夺生源的关键。与此同时，还应注意活动气氛的渲染和活动时间问题。

10.3 策划餐饮服务行业的活动

随着大众餐饮、娱乐生活的愈发多样化，餐饮服务行业也面临着极大的挑战。因此，餐饮服务行业也必须学会不定期地发布活动——通过发布活动争取最大曝光度，进而吸引大批客户。那么，该如何策划餐饮服务行业的活动呢？本节就来进行详细解析。

10.3.1 如何策划餐饮服务行业的活动

众所周知，餐饮服务行业一般并没有什么特殊的受众要求，只要人活着，就必须吃饭。因此，它属于大众消费类。那么在策划活动之前，策划人员需要思考几个问题：大众的饮食习惯如何？大众关注的焦点是什么？大众在选择餐饮服务时最看重什么？只有搞清楚上述三个问题，才能够确保活动效果。

由于餐饮服务行业属于大众消费类，在活动推广上一定要布局全面；同时，在策划活动时要尽量放低门槛，让更多的人能够参与进来。在一般情况下，餐饮服务行业的活动分为两大模块，具体内容如下。

（1）**线下模块**。线下模块的促销方式有很多种，常见的促销方式如下。

① 赠送。赠送比较好理解，即顾客在消费满一定金额后，店家会赠送新服务或新菜品。这样就能够起到推广新品，让顾客对店内新品进行深度了解与体验的作用。

② 打折。打折在餐饮服务行业比较常见，一般以打七折、八折为主。当然，打折也是需要满足一定条件的，一般满 100 元或 200 元才能够享受打折优惠。

③ 同行免单。这在大型餐饮店或自助餐店内比较多见，一般都是"三人/五人同行，一人免单"，这就在无形之中为顾客打了折。

④ 返券/盖章。返券和盖章有着异曲同工之妙，都是为了吸引顾客进行二次消费。返券就是在顾客消费达到一定金额后，通过返现金券的形式，吸引顾客再次体验。盖章就是顾客每消费一次就会盖一个章，等积攒到指定数量后，就可以获得一次免单机会或获赠新服务或新菜品。

（2）线上模块。 随着近年来自媒体行业的不断发展，线上活动也成为餐饮服务行业竞相争夺的领域。在一般情况下，餐饮服务行业的线上活动有如下几种。

① 抢东西。这个比较好理解，就是企业发布线上活动，奖品是一些现金红包、新菜品，通过好友助力/集赞的方式来吸引参与者进行互动，完成任务的参与者可获得现金红包或新菜品。

② 晒单。这种形式最直观，能使更多人了解店铺，即顾客在购物后，将菜品照片和消费的照片发布到朋友圈或其他店铺指定的地方，让更多的人来了解店铺，感受店铺的菜品和氛围，从而吸引更多的人来消费。

下面，笔者将上述内容整理成一个表格，便于大家理解与记忆。

店铺情况	店面小，想让利给老客户/通过老客户转介绍	店面大，想吸引更多客户群	想培养回头客
可采取的促销方式	赠送	抢东西	返券/盖章
	打折		
	同行免单	晒单	

10.3.2 策划餐饮服务行业的活动时应注意的问题

策划餐饮服务行业的活动时应注意如下问题。

（1）菜品及服务质量。 在策划餐饮服务行业的活动时，一定要注意菜品及服务质量，保证菜品及服务质量始终如一，千万不要因为打折或赠送就降低了菜品、服务质量，否则只会让参与者对店铺失去信任。

（2）**独特性**。在策划餐饮服务行业的活动时，一定要注意独特性，保证菜品和服务比较新颖、不容易被复制，或者活动本身具有趣味性，能被参与者很容易就记住了。

（3）**做好店员培训**。很多餐饮服务行业的店员已经跟不上现代活动的节奏——不清楚活动的折扣和规则到底是怎样的。这样就会出现参与者在一旁等待，店员现场研究规则的尴尬局面。对此，参与者很容易产生负面情绪，进而选择不再光顾。所以，餐饮服务行业的店铺在策划活动时对店员进行提前培训，已经显得至关重要了。

（4）**店面承接能力**。有些店铺策划的活动非常火，每天能吸引很多顾客，但由于店铺非常小，容纳不了这么多人，而造成排队和拥挤现象的出现。如果等待时间过长，或者就餐环境没有得到及时清理，就会造成顾客体验感较差，进而流失大量客源。因此，在策划活动时一定要考虑清楚店面承接能力，吸引足够店铺服务的客户就好。

10.3.3　案例：以串店为例详解如何策划餐饮服务行业的活动

刘经理经营着一家串店，但店铺在巷子里。为了招揽顾客，刘经理不得不策划活动。但是，刘经理不知道该策划怎样的活动才能为串店招揽顾客。如果你是刘经理，你知道该如何做吗？

根据上面案例的背景资料可知，刘经理想要通过策划活动为串店招揽顾客，刘经理面临的问题是串店选址不好——在巷子里。

可见，想要大张旗鼓地进行线下宣传似乎不太可能，因为很容易影响周围的居民，而且巷子里的人流量不大，也不适合进行线下宣传。所以，刘经理此次活动的重心应该放在线上。

刘经理可以以"谁是撸串高手"或"最美串姐"为主题，策划一次线上活动，引导参与者通过玩游戏或投票的方式进行比拼，获奖者可以到店享受相应的菜品、酒水免费服务。

> **Tips：** 在为餐饮服务行业策划活动时，一定要做好对店员的培训，让店员知道这次活动的规则，这样才能最大限度地带给参与者良好的服务体验。同时，还要注意菜品及服务质量，考虑清楚店铺的承接能力，避免造成店铺出现排队或拥挤的局面，否则，如果等待时间过长或店员服务不及时，顾客就会产生负面情绪，进而放弃体验和再次光顾。

10.4 策划旅游行业的活动

随着近年来旅游行业的火热，很多旅行社也都在想尽办法通过策划活动的方式拉拢客户。那么，该如何策划旅游行业的活动呢？在策划旅游行业的活动时又该注意哪些问题呢？本节就来针对上述问题进行详细阐述。

10.4.1 如何策划旅游行业的活动

在策划旅游行业的活动之前，策划人员首先要思考这样的问题：在淡季旅游的有哪些人？在旺季旅游的又有哪些人？没错，在淡季旅游的一般都是中老年人，因为这个时候人流量少，而且子女都在上班、上学，他们相对比较清闲。而在旺季旅游的则是年轻人和孩子，因为这个时候一般都是放假的时间段，上学和上班的人都会放假，时间比较充裕。

因此，旅游行业的活动也应随着淡旺季来进行调整。在一般情况下，旅行社在旺季会主推远郊、长途路线；在淡季会主推近郊路线。但无论旅行社主推什么样的路线，旅游行业的活动都无外乎下面几种。

（1）**票务活动**。在旅游行业，旅行社经常推行票务活动。旅行社每年都会在淡季打折或降价三五百元，从而吸引想要旅游的人来参团/购票旅游。

（2）**赠送服务**。除票务活动外，旅行社惯用的方法还有赠送服务。旅行社通过赠送星级酒店入住，早餐、午餐、晚餐，多去一个景点等，来让大众感觉这趟旅游特别实惠，进而吸引参与者报名。

第 10 章　如何策划不同行业的活动

（3）**新线活动**。旅行社在对新路线进行推广时，都会率先邀请一批老客户以相对低廉的价格进行体验，这就在无形之中产生了口碑效应——老客户晒在朋友圈的旅行照片会吸引大批人来参团旅游。

10.4.2　策划旅游行业的活动时应注意的问题

策划旅游行业的活动时应注意如下问题。

（1）**舒适性**。在策划旅游行业的活动时，一定要注意参与者的舒适性，让参与者吃好、玩好、休息好。参与者只有全程体验下来，并用相对低廉的价格享受到比较实惠的服务（服务质量没有打折），才能够对旅行社产生信赖感，进而持续与旅行社进行合作。

（2）**安全性**。出门在外，安全永远排在第一位。所以，在活动中一定要最大限度地避免发生意外，这样才能够使参与者对旅行社产生好感。因此，旅行社应在出发之前为参与者办理好各类保险。

（3）**体验感**。在策划旅游行业的活动时，体验感是非常重要的，因此要让参与者深入旅游目的地，感受不同的风土人情，这样参与者才能够对旅途印象深刻，进而选择继续与旅行社合作。

（4）**自由度**。自由度也是决定参与者是否愿意与旅行社继续合作的重要因素。在旅行中，一定要留给参与者足够的自由观赏时间，以及是否购买物品的自由选择权。只有这样，参与者才能够感受到旅行社想要继续合作的诚意，进而继续与旅行社合作。

10.4.3　案例：以 F 旅行社为例详解如何策划旅游行业的活动

王经理是 F 旅行社的创始人，最近他发现有一条长途旅行线路发团较少，自己在当地也没有比较熟悉的酒店和饭店资源用以发起免费入住、就餐活动，这让王经理犯了难。于是，他想通过策划活动的形式来吸引更多的人参团，但他不知道该在什么时间发起什么样的活动。如果你是王经理，你会如何策划这次活动呢？

183

根据案例的背景资料可知，王经理面临的问题是，发现有一条长途旅行线路发团较少。王经理想要做的事情是通过策划活动的形式来吸引更多的人参团。那么，你接下来要思考的问题是，长途旅行适合哪类人群？没错！年轻人。

因此，王经理可以选择在"五一"或"十一"发起活动。由于王经理在线路目的地没有熟悉的酒店和饭店资源可供免费入住、就餐，因此，只能选择以降低票价的方式发起活动。

> **Tips：** 在策划旅游行业的活动时，一定要注意淡旺季，根据主流旅行人群来调整活动内容及促销线路。另外，在活动中也要注意参与者的舒适性、安全性、体验感和自由度。只有做好上述细节，才能够使活动达到预期效果。

10.5 策划医疗健康行业的活动

随着我国医疗健康行业的不断壮大，一些私立医院也在悄然兴起，并且，正在不断地通过不同形式的活动走进大众视野。那么，该如何策划医疗健康行业的活动呢？策划活动时又该注意哪些问题呢？本节就来针对上述问题进行详细讲解。

10.5.1 如何策划医疗健康行业的活动

在一般情况下，医疗健康行业的活动包括以下几种。

（1）义诊。义诊就是医院通过抗震救灾、送医下乡等方式为偏远山区或无钱就医的人群进行诊治，帮助他们解决难缠的老病，留下一些感冒、腹泻等常用药，从而使更多的人能够享受到医疗服务。这样做的好处是，活动属于公益性质的活动，有利于树立医院的正面形象，同时让大众看到医院的诚意，感受到医院的医疗实力。

（2）普查。普查一般会在社区进行，通过测血压、血糖、视力等帮助社区的中老年人了解自己的身体状况，排查常见病。这样做可以使医院直接与患者面对面交流，让患者在体验中对医院产生信任感。

（3）**国际合作**。有些实力强大的医院还会采用国际合作的方式，将国际上比较有名的医生请到医院中，为广大疑难杂症患者进行现场排查和合作手术。这样能够使患者重燃希望、重获新生，更能够使更多人直观地了解医院的医疗及科研实力，进而对医院产生信任感。

（4）**名医坐诊**。名医坐诊也是医院彰显实力的一种活动形式，即邀请国内知名的医生到医院坐诊，让那些一直追随这位医生的患者有机会让该医生看病。在看病的过程中，患者便对医院产生了信任感，进而下次有其他病时也会选择到该医院就诊。

10.5.2　策划医疗健康行业的活动时应注意的问题

策划医疗健康行业的活动时应注意的问题如下。

（1）**保证医师的真实性**。无论采用何种活动形式，都要确保医生具备行医资格证，并在行业内拥有较高地位，治愈过众多患者。千万不要请一些假医生，否则只会让患者对医院失去信任。

（2）**保证医院的正规性**。信任是医疗健康行业面临的巨大问题。毕竟，我国医疗健康行业的发展并没有那么迅猛，很多人依旧对私营医疗机构不太信任。因此，医院或医疗机构一定要确保自身的正规性，严格按照高标准的卫生操作规范行医，必要时，也可以采用邀请相关监察机构的方式自证清白。

（3）**保证检查的便利性**。在策划医疗健康行业的活动时，一定要注意检查的便利性，最大限度地避免针刺。这样参与者面临的风险较小，便会很乐意进行免费的健康检查。

10.5.3　案例：以 D 眼科诊所为例详解如何策划医疗健康行业的活动

吴医生经营着一家 D 眼科诊所，由于患者较少，他想要通过举办活动的方式来为诊所增加人气。但是，他不知道该如何策划这次活动。如果你是吴医生，那么你会如何策划这次活动呢？

根据案例的背景资料可知，吴医生遇到的问题是眼科诊所患者较少，于是他想要通过举办活动的方式为诊所增加人气。那么，接下来你需要思考的是，到底怎样的活动才能展现诊所实力，同时又让参与者乐于接受？答案是进行视力检查、验光配镜、眼底检查。这样做既不用开刀也不用打针，安全系数高。

那么，吴医生就可以以"义务眼科普查"的名义与社区或学校合作开展活动。当然，诊所在活动前要取得相关营业执照和正规手续。同时，参与普查活动的医生在活动中也要将自己的行医资格证展示出来，从而最大限度地取得参与者的信任。

> **Tips**：策划医疗健康行业的活动时的最主要问题就是信任问题，因此在活动中一定要想尽办法展示医院的相关资格证明，让参与者意识到医院是正规、安全的。只有这样，参与者才会产生信任感。另外，在活动中也要注意严格按照高标准的卫生操作规范行医，注意检查的便利性。

10.6 策划文化影视行业的活动

近年来，文化影视行业发展迅速，很多企业也正在通过策划各种不同的活动来吸引更多人群的关注。那么，该如何策划文化影视行业的活动呢？在策划文化影视行业的活动时又该注意哪些问题呢？本节就来针对上述问题进行详细阐述。

10.6.1 如何策划文化影视行业的活动

文化影视行业乍看离大众生活比较远，但实际上息息相关。我们平时看到的新片发布会、路演活动，或者校园、图书馆里的签售会，都属于文化影视行业活动的范畴。在一般情况下，常见的文化影视行业活动有如下几种。

（1）**发布会/签售会**。发布会/签售会是文化影视行业最为常见的活动。在一般情况下，这类活动发布之前都会有媒体进行一系列的报道造势。这样，大众的参与热情会被调动起来，进而踊跃参与。

（2）**交流见面会**。交流见面会一般指明星与粉丝之间的交流会。在交流见面会上，明星能够教给粉丝一些专业技巧，帮助粉丝更好地成长，让粉丝有一种能够从明星身上学到很多东西、获得很多正能量的感觉。

（3）**大型比赛**。有些剧组/出版方为了找到自己想要的人才，同时也给大众一个展示自己的舞台，会发布一些大型比赛活动。在比赛中，参与者可以展示自己的才艺，为自己的明星梦而努力，同时剧组/出版方也能找到想要的人才，一举两得。

（4）**路演**。在新片宣传期，剧组人员都会到各大商场进行路演。这样做一来可以宣传新片，二来可以增加主创人员的知名度，同时吸引大批粉丝围观与关注。

10.6.2 策划文化影视行业的活动时应注意的问题

策划文化影视行业的活动时应注意如下问题。

（1）**不影响正常秩序**。在一般情况下，参加发布会、签售会、路演的人都是大众焦点，因此，在开展活动的过程中需要注意不要影响活动所在地附近居民的正常生活，避免造成拥挤和发生踩踏事件。

（2）**宣传正能量**。既然是举办发布会、签售会、路演，也就意味着主创人员具备一定的影响力。因此，在宣传的同时也要注意传递正能量，千万不要传递负能量，否则会给大众带来错误的引导。

（3）**注意言行**。一般能够参加发布会、签售会、大型比赛、路演的人的一言一行都有成千上万的人关注。因此，这些人一定要格外注意自己的言行，哪怕是小事小节，也要十分小心，千万不要给大众造成误解，否则，就会遭受非议，甚至使多年树立起来的形象瞬间崩塌。

> **Tips**：在策划文化影视行业的活动时，一定要考虑到自身的影响力，不要影响活动所在地的正常社会秩序；同时，也要注意正能量的传递；当然，更加要注意自身的一言一行。只有这样，才能够真正地树立起企业或个人的正面形象，达到举办活动的目的。

10.7 策划自有产品企业的活动

现在是一个创新的时代，很多企业都具备研发技术，能够研发出独具特色的产品，但不管产品质量有多好，只要没有销路，就都是空谈。所以，现代企业都会不定期地举办活动，以此来扩大销量。那么，自有产品企业又该如何来策划活动呢？下面笔者就来进行详细阐述。

10.7.1 如何策划自有产品企业的活动

自有产品企业在策划活动时要考虑：我的意向客户是哪类人？这类人都聚集在哪里？只有了解了上述问题，才能够策划出令人满意的活动。企业应根据目标客户群的不同，选择不同的活动地点和宣传渠道，如下表所示。

目标客户群	活动地点	宣传渠道
高端客户（如企业主）	高端会所、名车4S店、高端服饰店、高端商场	通过与高端会所、名车4S店、高端服饰店、高端商场合作的形式，进行资源互换，可打电话邀请
老人/儿童	社区、公园、幼儿园	电视、报纸
年轻人/工薪阶层	新媒体平台、大型商业街、大型商超	新媒体平台

在一般情况下，自有产品企业的活动形式有如下几种。

（1）促销打折。自有产品企业的促销打折活动是最常见不过的了，目的是让大众以低廉的价格购买产品，感受产品的货真价实，进而选择回购。

（2）新媒体活动。新媒体活动是自有产品企业惯用的活动形式。简而言之，企业通过官方新媒体账号发布活动，参与者在接收到活动信息后，根据活动提示做出指定动作，完成后得到相应奖励。

（3）试用赠予。在更多的时候，企业会发起试用赠予活动，即做一些小包装的赠品来发给意向客户。这样，意向客户在使用后若感觉确实非常好用，就会选择购买。

10.7.2 策划自有产品企业的活动时应注意的问题

策划自有产品企业的活动时应注意如下问题。

（1）**产品质量**。质量是自有产品的命脉。无论发起怎样的活动，都一定要确保产品质量的一贯性。只有这样，大众才能对产品质量拥有明确的认知，进而对品牌产生信赖感。

（2）**购买便捷度**。由于自有产品的知名度和质量对于大众来说都是未知的，因此一定要注意大众购买的便捷度。让对产品感兴趣、想要尝试的人群在支付时更加便捷，这样才能够最大限度地避免订单流失。

（3）**有人背书**。自有产品企业在发布活动时，如果想让大众快速了解并信任，就一定要找一些有一定知名度的企业来为自己的企业进行信誉背书。这样，大众在喜欢某个知名企业的同时，也会关注该自有产品企业。

10.7.3 案例：以罐头厂为例详解如何策划自有产品企业的活动

王经理经营着一家罐头厂，产品质量很不错，但由于产品知名度不高，所以总会出现滞销的情况。这让王经理非常着急，他想要通过发起活动的形式来推广罐头，但不知道该发布怎样的活动、在哪里发布活动。如果你是王经理，你知道该怎么做吗？

根据上面案例的背景资料可知，王经理遇到的问题是，产品知名度不高，总会出现滞销的情况；他想要做的事情是，通过发起活动的形式来推广自己的罐头。

要知道，对于罐头，只有吃过之后才知道是否好吃，只有看过操作车间之后才知道是否卫生。因此，王经理可以将制作流程录制成视频，同时与相关部门联系好，在大型商业街、商超内开展试吃与买一赠一活动。

Tips：在为自有产品企业策划活动时，一定要确保产品质量。参与者只有通过低廉的价格买到了靠谱的产品，才能够对企业产生好感，对产品质量产生信赖感，进而选择持续购买。

第 11 章

传统企业如何通过发起活动进行自救

如今商海危机四伏，在互联网和新媒体的冲击下，传统企业面临着很多危机。传统企业在陷入危机时，该如何来进行自救呢？传统企业又该如何通过发布活动的形式重建在大众心目中的形象呢？本章，笔者就针对上述问题为大家进行详细阐述。

第 11 章　传统企业如何通过发起活动进行自救

11.1 企业卷入价格战

价格战是企业之间进行相互竞争惯用的一种方法。在长久的价格战中，其实是没有赢家的。企业一旦陷入价格战，就如同遭遇灭顶之灾。那么针对这一问题，传统企业该如何破局呢？下面笔者就来进行详细阐述。

11.1.1 企业卷入价格战时该如何做

企业在卷入价格战时，不要盲目降价，而要冷静下来，仔细进行如下对比。只有经过对比，确认企业自身没有任何优势，才需要跟风降价。

（1）**质量对比**。当企业卷入价格战时，一定要将自己的产品与其他企业的产品进行质量对比。如果能够明确地看出来自己企业的产品质量优于其他企业，那么企业可以按兵不动，静待价格战的发展。

（2）**附加价值对比**。很多企业在售卖产品时只专注于产品的价值，却忽略了产品的附加价值。当价格战来临时，企业需要针对附加价值与同类企业进行对比。如果本企业产品的附加价值比较高，就可以先不压低价格，静待局势变化。

（3）**名人效应对比**。是否邀请名人为产品代言，在某种程度上也彰显了企业的实力，同时，也能够在无形之中增加产品的价值。在价格战中，如果企业有名人为产品代言，那么大可以静观其变。因为有名人代言的产品可以使购买者将本企业产品与其他同类产品区别开来，并使其意识到本企业产品的质量和受众定位与其他企业不同。这样，就算本企业产品稍贵一些，也会被大众所接受。

（4）**核心竞争力对比**。在价格战来临时，一定要将本企业的核心竞争力与其他企业进行对比。如果能够找到只有本企业才具备的竞争力，那么便可以放心大胆地静观其变。毕竟，企业的核心竞争力是其他企业无法复制和比拟的。只要大众了解了核心竞争力，意识到本企业具备不可比拟的技术实力，那么即便产品贵一些，也会选择购买。

11.1.2 企业卷入价格战时该发起何种活动

企业在针对前述细节与其他企业进行了对比以后，就可以开始发布活动了。在活动中一定要突出产品质量、附加价值、名人效应、核心竞争力，这就需要企业下一番功夫，让大众对企业的这几个方面进行详细且深入的了解。因此，企业可以发起如下活动。

（1）产品说明会。产品说明会比较简单，即企业针对现有产品进行详细讲解：告诉大众企业使用了何种高端工艺、邀请了哪位大师来制作产品；同时，突出制作产品时遇到的问题，以及是如何解决的；另外，还要讲出行业内同类产品目前普遍存在的问题，以及自己的企业是怎样解决这个问题的。这样，大众就能够清楚地知道本企业产品与其他同类产品的不同了。

（2）全民都来用××活动。这个主题的活动需要在线上发布。简而言之，就是企业将一批试用品送给明星、老板、普通工薪阶层、大学生等各行各业的人，营造出一种全民都在使用这个产品的氛围；同时，邀请试用者在社交平台上说出使用后的感受。这样，大众就能够对产品拥有充分的认知，即使价格昂贵，也会选择购买。

（3）自拟主题活动。在遭遇价格战时，企业还可以根据产品的特性，通过发布自拟主题活动的形式来突出并告知本企业产品的质量过硬。比如，你的产品是手机，当手机陷入价格战时，你就可以发起"寻找 24 小时特种机"的活动，通过摔打、在水中浸泡等不同的形式展示手机依旧完好无损的事实。这样，关注者就能够直观地知道本企业产品的质量优于同行业的其他产品，那么，企业就算不参与价格战，也会销量可观。

11.1.3 案例：以服饰公司为例详解企业卷入价格战时该如何发起活动

刘经理经营着一家服饰公司。最近不知道为什么行业内流行打价格战，很多企业已经将棉服、羽绒服卖到了 100～200 元一件。这让刘经理非常着急，他不知道该如何做才能应对这场价格战。如果你是刘经理，你知道该如何做吗？

根据案例的背景资料可知，刘经理的服饰公司卷入了价格战。那么，你接下

第 11 章　传统企业如何通过发起活动进行自救

来应该思考的是，怎样才能让大众直观地感受到衣服的质量？因此，刘经理可以进行如下操作。

① 发起"谁是大力王"的活动：邀请自认为有力气的人来撕扯店内的指定衣服，同时，拿来一些其他不知名品牌的普通衣服让自认为有力气的人来撕扯，并且计时。这样就可以使大众直观地感受到本店衣服的质量过硬，进而刺激大众购买本店衣服。

② 发起"你来现场解剖羽绒服"的活动：这样做可以让大众直观地看到店内羽绒服的质量，意识到本店羽绒服质量与其他店铺的不同，进而选择购买价格稍贵但质量要好很多的本店羽绒服。

> **Tips**：当企业卷入价格战时，千万不要惊慌，要搞清楚企业的产品质量、产品附加价值、名人效应、核心竞争力是否与其他同类产品有区别。如果答案是肯定的，那么企业大可以按兵不动，静观其变，并且通过发布活动的形式突出产品质量、附加价值、名人效应和核心竞争力。大众在明确地意识到本企业产品在各方面都优于同类产品时，即使价格稍贵，也会选择购买。

11.2　企业遭遇渠道抢夺

传统企业在进行推广时，一定会遇到渠道抢夺的情况。那么，传统企业怎样做才能确保在渠道抢夺战中处于优势地位呢？本节就针对这一问题进行详细阐述。

11.2.1　企业遭遇渠道抢夺时该如何做

企业在遭遇渠道抢夺时，切忌采取过激行动，否则只会使客户对企业失去信任，进而下定决心与企业的竞争对手进行合作。在一般情况下，企业在遭遇渠道抢夺时可以通过如下方法来积极应对。

（1）**经常联络**。企业与其在被抢夺渠道之后懊悔补救，不如在平时对企业现有渠道进行维系，如与大客户及合作企业负责人定期开展联谊活动，可通过各种能够想到的方式来维系供求关系；同时积极倾听客户的意见，并进行及时整改。

(2) 率先入驻。在寻找渠道方面，企业要擦亮眼睛、积极洞察市场。在新型渠道出现时，不管能不能赚钱，都一定要积极尝试，争取第一时间入驻，从而抢占先机——当客户习惯与某企业合作之后，通常就不会另寻别家了。

(3) 开辟新渠道。要知道，随着时代的发展，无论有没有竞争对手抢夺渠道，都会有现有渠道销量减少的情况出现。这就需要市场人员在平时就对整个市场具备一定的把控力，积极地为企业开辟新的渠道。这样才能确保在有人争夺渠道时，企业拥有争夺的资本和能力。

(4) 提升曝光度。虽然打广告并不意味着产品质量有多好、企业实力有多强，但从侧面彰显了企业的实力。因此，在遭遇渠道抢夺时，企业提升各类广告的曝光度也是必不可少的。这样能够给渠道客户一种企业布局全面、实力雄厚、正规严谨的感觉，进而使他们乐于与企业进行合作。

(5) 不断翻新。一个具备竞争力、全心全意专注于产品、不断创新的企业是谁都不会拒绝的。因此，企业一定要做好产品的更新迭代工作，不定期地给渠道客户一些新鲜感，让渠道客户看到企业的实力在不断提升，技术在不断拔高。这样就能够使渠道客户拥有期待感，从而与企业长期稳定合作，进而使其他想要抢夺渠道的企业无计可施。

11.2.2　企业遭遇渠道抢夺时该发起何种活动

企业遭遇渠道抢夺时，一定要让渠道客户看到企业的独特性，给渠道客户一个必须和企业合作的理由。这样才能够确保合作的稳定性。因此，在活动中，企业需要将技术实力、核心竞争力、渠道客户能获得的好处都显示出来，从而使渠道客户坚定不移地与企业合作。所以，企业可以举办如下活动。

(1) 厂区参观活动。这个活动比较好理解，就是邀请渠道客户通过参观厂区的方式，了解企业的技术能力，使渠道客户非常直观地了解企业，从而消除彼此之间的隔阂，促进交流合作。

第 11 章 传统企业如何通过发起活动进行自救

（2）**技术交流活动**。虽然是正在合作的客户，但也需要企业进行技术迭代和更新，这样才能给渠道客户一种新鲜感，让渠道客户感受到企业的诚意，并提升自己的技术能力，进而双方在技术上进行很好的磨合。当经过磨合，双方达成默契后，渠道客户一般不愿意再另寻他家。

（3）**联谊交流会**。虽然产品和质量依旧是渠道客户能否与企业进行合作的关键，但情感上的沟通也是必要的。有些时候，即便企业在技术上稍弱，但如果双方情感上的沟通到位，渠道客户也会愿意与企业进行合作。因此，企业一定要不定期地为渠道客户开展联谊交流会，在会上告知渠道客户本企业的技术进度和项目进度，这样才能够最大限度地消除隔阂。

> **Tips**：当企业遭遇渠道抢夺时，一定要让渠道客户看到企业的技术能力，让其知道企业能够带来的好处，给出一个必须与企业合作的理由。另外，适当地提升曝光度也是彰显企业实力、造势争夺客户的较佳手段。除此之外，企业还应该时刻洞察市场，多开辟和入驻新渠道，这样企业才不至于陷入被动。

11.3 企业发现产品同质化严重

现代企业很容易遭遇产品同质化严重的危机。比如，今天你生产了产品 A，只要产品 A 一火，第二天就会出现若干与产品 A 类似的产品，进而导致产品 A 的销量下滑。那么，针对这一问题，企业该如何应对呢？本节就来进行详细阐述。

11.3.1 企业发现产品同质化严重时该如何做

当市面上出现诸多同质化产品时，企业要让大众从众多的相似产品中找出企业的产品。那么，企业可以做出如下操作。

（1）**申请专利**。为了能够最大限度地保护产品的专有属性，防止盗版，企业需要在产品上市之前申请专利。

（2）迅速迭代。当其他企业开始仿造时，作为产品的创始企业，一定要以最快的速度对产品进行迭代。这样，大众就能够清晰地知道到底是谁先研发了这个产品，在谁那里可以买到这款产品的最新配置的版本，进而选择购买。

（3）技术压制。企业研制出的产品，其核心竞争力一定是技术。如果产品所用技术无法被其他企业效仿，就能够最大限度地避免同质化产品的出现。

11.3.2 企业发现产品同质化严重时该策划何种活动

企业能够被同质化产品所淹没最主要的原因不外乎两个：宣传力度不够，大众找不到该产品的原始生产商；正版产品价格太过昂贵，大众无力购买。所以，企业应在考虑上述两个原因的前提下发起下列活动。

（1）产品迭代体验活动。一定要从产品还未火爆时就着手准备产品的迭代，这样就算有人想要模仿，也没有充足的时间和精力；同时，还能够彰显企业的实力，让更多的人了解正版产品的优势，以及生产正版产品的企业到底是谁，进而选择购买正版产品，拒绝同质化产品。

（2）产品促销活动。促销活动能够最大限度地起到提高企业影响力，让大众熟知正版产品生产商的作用；同时，也能够通过价格优势将同质化产品挤出市场。毕竟，在价格相同的情况下，大家都乐于选择正版产品，而非同质化的替代品。

11.3.3 案例：以U盘促销活动为例详解企业发现产品同质化严重时该如何策划活动

马经理的公司最近生产了一批U盘，刚刚形成火爆趋势就发现有仿制品登陆市场，因此流失了大量潜在客户。这可急坏了马经理，他不知道该如何做才能使大众了解到自己公司才是这款产品的首发企业。如果你是马经理，你知道该如何做吗？

根据上面案例的背景资料可知，马经理面临的问题是，自己公司研发的新型U盘刚火，市面上就出现了盗版产品。因此，马经理策划活动的目的不外乎让大众了解这款U盘的正版是什么样的、有哪些功能、研发公司是哪家；让大众知道正版 U 盘和盗版 U 盘的区别，以及二者在价位上其实并没有多大差别。

马经理可以在大型商超、大型电脑及硬件市场、大型电商平台、新媒体平台发起促销活动。在开展促销活动的过程中，马经理应针对这款 U 盘的性能进行详细讲解，说出这款 U 盘辨别真伪的特殊标志，并且公布最新的促销价格。这样，大众就能够清晰地分辨出哪款 U 盘是正版的，进而选择正版 U 盘进行购买。

> **Tips**：当企业发现产品同质化严重时，一定要想尽办法争夺话语权，争取最大曝光度；并且，针对产品的性能、防伪标识进行详细讲解；另外，最好也搞一些促销活动。这样，大众在权衡价格与质量之后，就会选择正版产品进行购买。当大众更加注重产品质量，习惯使用正版产品后，即使同质化产品价格再低，他们也不会去购买。

11.4 企业遭遇信任危机

在商业领域，企业总会因为或这样或那样的原因被大众误会，进而出现信任危机。那么，当遭遇信任危机的时候，企业该如何发布活动来进行化解呢？本节就针对这一问题进行详细阐述。

11.4.1 企业遭遇信任危机时该如何做

当企业遭遇信任危机时，切忌惊慌失措、马上解释，一定要先冷静下来，针对下列问题进行自查。

（1）**事件起因**。当企业遭遇信任危机时，要先调查清楚出现问题的原因，以及问题的根源，这样才能够有针对性地重建信任。

（2）**企业是否存在过失**。在调查清楚事件的真相以后，企业还要思考：企业在事件中是否存在过失？是企业哪里做得不到位，还是企业之前没注意到曝出的问题？

（3）如何自证清白。 如果企业在事件中不存在过失，或者说企业是被诬陷的，就要针对所曝出的问题找到可以自证清白的证据。企业可以邀请相关部门到企业中进行监察，也可以邀请业内泰斗来对企业及产品进行监督，还可以将制作车间等全部曝光给大众看。只有这样，大众才能看到企业的诚意。

11.4.2　企业遭遇信任危机时该策划何种活动

（1）召开发布会。 当问题被曝出，企业在对事件的全过程进行了详细了解后，就需要召开发布会了。在发布会上，企业一定要拿出真实可靠的证据，来证明自己的清白，这样大众会在见到真实证据以后对企业重建信任。

（2）测试活动。 除召开发布会进行解释外，企业还可以针对曝出的问题进行压力测试。比如，洗衣粉公司被人抹黑说根本洗不干净衣服，那么洗衣粉公司就可以开展"百人洗衣活动""你洗衣我买单活动"，邀请大众亲自使用洗衣粉，看到底能不能洗干净。这样谣言就不攻自破了。

11.4.3　案例：以有毒物危机为例详解企业遭遇信任危机时该如何策划活动

刘经理经营着一家文具用品公司，现在有传言说他们公司所生产的儿童学习用笔记本含有有毒物质。这可让刘经理急坏了，公司一直都按规定生产，也经过了层层检查和审核。如果你是刘经理，你知道该如何做吗？

根据上述案例的背景资料可知，刘经理面临的问题是有人怀疑他们公司所生产的儿童学习用笔记本含有有毒物质。因此，刘经理可以以"找出笔记本中的有毒物质"为主题发起活动。具体操作如下。

① 邀请相关部门对本公司所生产的儿童学习用笔记本进行检验，并全程录像作为证据。

② 召开新闻发布会，将录像和其他证据呈现给大众。

这样就能够达到自证清白的目的了。

第 11 章 传统企业如何通过发起活动进行自救

> **Tips**：当企业遭遇信任危机的时候，千万不要冲动，使行为过激，而要率先搞清楚事情的起因、经过、结果，然后积极地邀请相关部门来对企业进行监督，同时找出企业可以自证清白的证据，最后通过新闻发布会或压力测试的形式来破除谣言，使大众对企业重建信任。

11.5 企业被电商企业冲击

现在电商行业发展得如火如荼，已经有很多传统企业明显感受到了来自电商企业的冲击。那么，传统企业该如何通过发起活动来使自己的企业立于不败之地呢？在活动中又该注意哪些问题呢？下面笔者就来进行详细阐述。

11.5.1 企业被电商企业冲击时该如何做

（1）**借势**。随着电商行业的火热发展，人们对线下实体店的关注度大大降低。所以，传统企业一定要学会借势，利用互联网的思路，抓住热点来进行营销，从而最大限度地争取曝光度。

（2）**打入线上**。既然人们对电商企业的关注度比较高，那么传统企业不妨也打入线上市场，在网站和新媒体平台发布活动。这样能够争取最大曝光度，吸引大众目光，进而吸引参与者到实体店来进行消费。

（3）**突出实体店的优势**。虽然线上购物有诸多优点，但购买者不能真正触摸到产品。一旦购买者看走眼，买来的产品就会和想象的天差地别。因此，企业应尽可能地突出实体店的优势，从而吸引意向客户前来购买。

11.5.2 企业被电商企业冲击时该发起何种活动

企业被电商企业冲击时，一定要学会融合，同时突出传统企业的优势。在一般情况下，企业可以发起如下活动。

（1）O2O 促销活动。电商企业之所以比较火爆，是因为购买的便捷性。那么，传统企业也可以在网上发起活动，通过活动将参与者引导到线下实体店。这样能够最大限度地争取曝光度和客流量。

（2）限时秒抢活动。参加电商企业的抢购活动，参与者根本无法知道产品的质量，而实体店举办的限时秒抢活动就打消了参与者的这一疑虑。参与者能够通过相对低廉的价格买到质量较好的产品，从而大大提高对实体店的信任度。

（3）N 天内可退换活动。众所周知，在电商平台退换货，购买者需要与店家协商，同时还得自己约快递员给店家寄回产品。这样就会给购买者带来很多麻烦。而在实体店退货则不同，当需要退换货时，购买者可以直接到店里找店员办理，方便、快捷。

> **Tips**：当传统企业被电商企业冲击时，一定要摆出相融合的姿态，可通过发布线上、线下相结合的活动，将产品与品牌展示在大众面前；同时，突出传统企业的产品看得见、摸得着的特点，从而吸引参与者到店购买。

11.6 企业预算少

资金链断裂问题是很多传统企业面临的重大危机。很多时候，企业知道必须通过发布活动来争取曝光度和市场份额，但又没有足够的资金来发布活动。那么这时候企业该如何做呢？本节就来针对这一问题进行详细阐述。

11.6.1 企业预算少时该如何做

当预算少时，企业需要想办法找到资金，并思考该用何种免费的方法来提升曝光度。因此，企业需要做下列事情。

（1）抱团取暖。很显然，如果一件事情只有一家企业去做，那么不但影响力有限，耗费大量的财力、物力，而且很容易被拖垮。但是，如果这次活动由三五家企业共同发起、共同出资，那么对每家企业而言都会是一件轻松的事情。

（2）拍卖价值。对于很多企业的服务，大众都比较渴望享受，但没有机会享受。那么在企业预算少时，企业就可以通过拍卖的方式来刺激大众抢夺资源。比如，唱片公司可以拍卖唱片服务，让渴望出唱片的人通过拍卖的方式进行资源抢夺，出资高的人可以享受到服务。

11.6.2 企业预算少时该发起何种活动

当预算少时，企业可以发起如下活动。

（1）众筹活动。当企业的产品确实具备一定价值和潜力时，企业就可以采用发布众筹活动的方式来吸引大众出资。当活动引爆以后，很多风投公司便能够看到企业的潜力，进而对企业进行投资。

（2）会员卡推广。很多商超在开业初期都会大张旗鼓地开展会员推广活动，即通过鼓励大众使用会员卡来聚拢资金。这样做，企业可以在短时间内聚拢大量资金，解决一时之需；大众也可以使用会员卡来购买产品，享受到实惠，可谓一举两得。

（3）招商共融。如果企业没有足够的资金来举办活动，则可以通过举办招商活动的方式来吸引赞助商进行竞标。这样，活动就会由多家企业共同出资，作为主办方的企业的压力就会小很多。

11.6.3 案例：以矿泉水公司为例详解企业预算少时该如何发起活动

张经理经营着一家矿泉水公司，他想要发起"关爱偏远地区儿童，让所有人都喝上放心水"的活动。但是，由于他们设定的活动地域比较大，靠自己公司的力量很难举办成功，这让张经理非常头疼。他该怎么做才能解决资金问题，将这个活动一直进行下去呢？

根据上面案例的背景资料可知，张经理发起的是一个以"关爱偏远地区儿童，让所有人都喝上放心水"为主题的公益活动。因此，在树立企业形象上显得柔和且顺利，大众很容易就会记住矿泉水公司的这一暖心活动。

如果有多家企业一起来做，这场活动就从公益活动变成了回报社会、彰显企业实力的暖心行动了。无论是企业自身的影响力，还是事件本身的影响力，都会大大增强。

所以，此次活动比较适合通过招商的方式来吸引有共同意愿的企业共同出资、共同举办。

> **Tips**：当企业预算少时，企业可以通过不断强化企业实力、宣传企业潜力、展示活动本身影响力的方法，吸引更多的企业或个人来为企业出资。当然，如果预算与实际相差不多，那么企业也可以通过会员卡推广活动来聚拢资金，解决一时之需。

11.7 企业想要吸纳经销商却没有信任基础

很多企业在做大做强之前，都会经历一段品牌信任塑造期。企业在没有足够高的知名度时，想要吸纳经销商是一件非常困难的事情。因此，如何建立起经销商对企业的信任，就显得尤为重要了。本节就来进行详细阐述。

11.7.1 企业想要吸纳经销商却没有信任基础时该如何做

当企业想要吸纳经销商却没有信任基础时，企业要思考的问题就是，该如何建立起彼此之间的信任？针对这一问题，企业要做好三件事。

（1）**展示企业实力**。展示企业实力不用多说，企业的硬件、软件实力决定着经销商是否对其信任。如果经销商可以直观地看到企业吸纳了多少投资，企业与哪些知名品牌进行了合作，有哪些人评价企业确实不错，以及企业厂房、人才、产品工艺及技术确实优于同行业的其他企业，那么经销商必然会信任企业。

（2）**展示过往案例**。经销商其实最害怕的是加盟后赚不到钱。因此，企业需要找一些知根知底、乐于尝试的合作伙伴进行合作，并将真实效果、真实流水做成案例展示出来，从而打消观望中的经销商的顾虑。

（3）**最大让利**。如果企业毫无知名度，也没有什么客户资源，那么可以通过最大让利的方法让经销商先去尝试，在确实赚到钱、得到实惠以后再补齐加盟费。这样能够起到建立信任、促进合作的作用。

11.7.2 企业想要吸纳经销商却没有信任基础时该发起何种活动

企业想要吸纳经销商却没有信任基础时可以发起下列活动。

（1）**免费试运营**。企业通过免费提供原材料和帮助选址开店的方式来使加盟者暂时不用投资，等到店铺获得收益后，根据每月所赚金额，通过抽成的方式来收取开店所投入的费用。这样，在加盟初期，加盟者不用付出金钱，只需要用心经营即可。这对于加盟者来说，风险会比较小，因此加盟者乐于接受。

（2）**厂区探营**。很多人不放心企业是因为不能确定企业所说的话是否可信，所以，企业不妨举办一个厂区探营活动。这样，参与者就可以非常直观地了解厂区的原材料都是如何生产的，以及培训等相关问题，进而对企业产生信任感。

（3）**名家讲座**。当经销商对企业品牌不信任，不了解加盟规则时，企业还可以通过名家讲座的方式，让经销商对品牌和加盟规则进行详细了解。只有经销商弄明白以后，才会做出加盟的决定。

11.7.3 案例：以烤串店为例详解企业想要吸纳经销商却没有信任基础时该如何发起活动

赵经理经营着一家烤串连锁店，拥有一套成熟的原材料加工、调料加工、制作培训、烤串车生产等产品线，其烤串以干净卫生著称。但是，他在其他地区吸引加盟商时却发现，由于大众对自己的烤串连锁店缺乏了解，所以很多人不愿意来加盟。这让赵经理非常着急，不知道该如何解决。如果你是赵经理，你会如何解决这一问题呢？

根据上面案例的背景资料可知，赵经理遇到的问题是，他的烤串连锁店在其他地区没有名气，无人愿意尝试加盟。那么，赵经理可以进行如下操作。

① 发起探营活动：邀请感兴趣的人来实地参观，并且送一些原材料让其带

回家，先给家里人试吃。

② 发起先加盟后付费的活动：将一系列优惠政策释放给感兴趣的人群，让他们先加盟后付费，最大限度地规避加盟者的风险。

> **Tips**：当企业想要吸纳经销商却没有信任基础时，企业不妨先让感兴趣的人群到厂区进行实地参观，并且先让他们免费开店；当店铺盈利后，再按照抽成的方法抽取成本费用。这样能够最大限度地为加盟商规避风险。

第 12 章

传统企业开展 O2O 活动时如何突出优势

在新媒体时代，传统企业也会想尽办法在网络上分一杯羹。因此，O2O 活动便成为传统企业进行营销推广的必要手段。那么，传统企业在 O2O 活动中有哪些优势是电商企业所无法比拟的呢？本章，笔者就针对这一问题进行详细阐述。

12.1 突出现场模拟的重要性

我们可以通过网络购买食物，但无法看到店家是如何制作的，更无法监察店家的卫生状况。而传统店铺则不同，我们在到店消费的时候，能够清楚地看到店内卫生状况，甚至有些店家就在我们面前制作餐点。因此，传统企业的现场模拟的重要性是电商企业永远都无法比拟的。所以，传统企业可以在活动中通过突出这一点来刺激消费者到店消费。

12.1.1 如何突出现场模拟的重要性

（1）晒出卫生状况。很多餐饮企业在网络上的照片都比较精美，但实际上只是一个小作坊。因此，传统企业一定要在 O2O 活动中晒出店内就餐环境的真实照片，以及后厨的真实照片，通过反复提醒大众卫生状况对人们健康的影响，来刺激他们到店内就餐、查看卫生状况。

（2）强调实践互动。电商企业只能卖产品，却无法教购买者现场学习这个产品的制作方法。那么，传统企业就可以抓住这一点，鼓励参与者到店内学习产品的制作方法，而参与者可以亲手制作一个产品送给家人。当亲手操作的意义被凸显出来以后，大多数人都会选择亲自体验。

（3）邀请明星到场。如果企业能够请到明星到店，那么活动效果可想而知。因此，传统企业可以通过邀请明星到场的方式来刺激大众到店消费。

12.1.2 哪些企业适合突出现场模拟的重要性

根据以上描述，我们接下来应该思考的是，哪些企业是大众必须到店消费才更放心的？没错，就是餐饮等服务行业，具体内容如下。

（1）餐饮店。只有大众亲自到店进行消费，才能明确地知道这家餐厅的卫生状况。所以，餐饮店在进行 O2O 活动时，应该让大众对餐厅卫生状况产生必须亲自去看一看的需求，进而吸引其到店。

（2）蛋糕店。网上蛋糕店不能让购买者亲手制作蛋糕。因此，蛋糕店在进行

O2O 活动时，就应该突出亲手制作对于亲友的意义，从而吸引大众到店亲手制作蛋糕送给亲人和朋友。

（3）**服饰店**。在网络上购买衣服很容易出现试穿后与样图不符的情况，甚至衣服面料根本就不是店家所讲的那样。那么，服饰店在做 O2O 活动的时候，就可以突出试穿、亲自触摸面料的必要性，进而吸引大众到店试穿与购买。

（4）**健身房**。健身软件只能按照常规告诉训练者减肥操该怎么做、瑜伽该怎么做等，但不可能根据训练者的实际身体状况告诉训练者该如何进行针对性的训练。那么健身房在发起 O2O 活动的时候，就应该针对运动与人体健康、运动与塑形方面的作用计划对人体健康的重要性进行详细说明，进而吸引大众亲自到健身房与教练沟通，拟订适合自己身体状况的健身计划。

12.1.3　突出现场模拟的重要性时应注意的问题

突出现场模拟的重要性时应注意如下问题。

（1）**巧用对比**。传统企业在突出现场模拟的重要性的时候，一定要学会使用案例，利用对比的方法让大众清楚地知道现场体验的重要性。

（2）**言简意赅**。要知道，大众并不一定具备活动涉及的专业知识，因此在活动中，传统企业需要利用言简意赅的语言来为大众讲解并突出现场体验的重要性。千万不要出现一些晦涩难懂的字眼，否则会让大众听不懂，这样大众也就无法有效地接收到信息了。

12.1.4　案例：以咖啡店为例详解如何突出现场模拟的重要性

庄经理经营着一家咖啡店，怎料由于网络店铺的火热，店内人流量越来越少，这让庄经理非常着急，但他不知道该如何应对。如果你是庄经理，你知道该如何应对吗？

根据上面案例的背景资料可知，庄经理遇到的问题是，咖啡店受到网络店铺的冲击，人流量越来越少。那么，怎样才能让大众到店消费呢？其实，庄经理可以利用大众对咖啡专业知识的缺乏，提醒大众现磨咖啡必须亲眼看着磨。

207

因此，庄经理可以在活动中突出下列几点。

- 花上百元却只能买到速溶咖啡，××咖啡店邀请你到店品尝好咖啡。
- 好咖啡就应该现磨现喝，任何一种外带/包装都会影响口感。
- 买得来咖啡，却买不到品质。

Tips：传统企业在突出现场模拟的重要性的时候，一定要注意突出卫生状况、实践的意义，甚至可以邀请明星助阵。大众只有意识到网购与到店消费的区别，以及到店消费的必要性，才能自发到店消费。

12.2 突出可反悔性

众所周知，网购中最容易产生分歧的就在退换货方面。很多人在网购商品后店家 N 天不发货，或者买到自己不想要的商品后退货迟迟得不到店家的回应，就算店家允许换货，那么也需要购买者将商品寄回，甚至自己掏钱垫付邮资……这些都是退货难、换货麻烦的问题。因此，传统企业在发布活动时就可以针对这些问题进行说明，突出到店消费若遇退换货会非常方便。

12.2.1 如何突出可反悔性

（1）**允许退货**。实体店允许退货，而且无条件退货，可以极大地增强大众来购买商品的决心，同时也会在无形之中增强大众对企业的信任感。和网购的退换货需要协商相比，实体店的到店就退显得容易很多。

（2）**无限尝试**。在网上买东西是无法进行尝试的，大众只有买或不买两种选择；而在实体店碰到喜欢的东西可以进行尝试，合适就买，不合适就走人。这样能够大大提高大众买到心仪产品的可能性。

（3）**退货跑腿活动**。网购退换货是需要协商的，而且要购买者自己去联系快递员邮寄货品；而在实体店则可以发起退货跑腿活动——需要退货时，不用客户亲自到店，实体店可以提供上门退货服务。

第 12 章　传统企业开展 O2O 活动时如何突出优势

12.2.2　突出可反悔性时应注意的问题

突出可反悔性时应注意如下问题。

（1）**不要设置门槛**。既然传统企业已经允许退货了，就应该零门槛、零理由，从而使大众感受到企业的诚意。如果设置了退货门槛，就会给大众以恶劣的体验，进而使品牌失信。

（2）**态度要好**。既然已经允许退货，那么在购买者退货时，服务人员的态度一定要好。要让大众知道无论是购买还是退货，企业都会一如既往地全心全意为其服务。当企业的诚意被大众看到后，相信很难有人不回购。

> **Tips**：传统企业在 O2O 活动中突出可反悔性时，一定要注意服务态度，让客户能够感受到企业的诚意，这样才会对品牌形成追随。当然，退货的畅通度也是非常重要的。既然允许退货，就要无条件为客户办理。这样，当下次再有需求的时候，该客户就会第一时间想到这里购买。

12.3　突出归属感和温馨感

与网上购物相比，很多人更喜欢到实体店感受真实的购物气氛。传统企业对于新老客户的维系是电商企业无法比拟的。传统企业应尽可能地在活动中突出归属感和温馨感，进而吸引大众追随。

12.3.1　如何突出归属感和温馨感

（1）**发布联谊会**。举办新老客户联谊会是企业营造归属感和温馨感的一种手段。在联谊会中，大众不仅可以欣赏到好看的节目、吃到可口的冷餐，还可以结交很多良师益友。久而久之，新老客户就会对企业产生归属感。

（2）**成立交流群**。很多电商企业在售卖完产品之后就对购买者不闻不问了，即使购买者有疑问，客服人员也解决不了实际问题，无法手把手地教给购买者产品到底该如何使用。传统企业可以通过成立交流群的方式，邀请专家和技术人员在群里进行实时讲解。当购买者的问题总能够在第一时间被解决时，购买者就会对企业产生好感。

(3) 节假日赠送礼品。众所周知，购买者在购买完产品以后，如果没有回购需求，企业就会被其淡忘。对此，传统企业可以通过节假日赠送小礼品的方式来与购买者建立联系，那么，当购买者再有需求时，就会第一时间想起该企业。

12.3.2 突出归属感和温馨感时应注意的问题

突出归属感和温馨感时应注意如下问题。

(1) 一定要舒适。在营造归属感和温馨感时，一定要注意舒适度。如果购买者不愿意参与，那么也不要强制其参与。当然，在为老客户策划活动时，切忌硬性推销产品，否则，只会让老客户感觉企业没诚意，进而放弃追随企业。

(2) 以客户为中心。在营造归属感和温馨感时，一定要以客户为中心，发现并解决他们的切实问题。只有这样，购买者才会意识到企业的确是在为自己着想，进而对企业产生依赖感。当购买者开始依赖企业时，归属感便被营造出来了。这样，购买者就很难再另择企业进行购买了。

12.3.3 案例：以电脑配件店为例详解如何突出归属感和温馨感

王经理经营着一家电脑配件店，但由于网上购物的火热，很多人开始在网络上购买电脑配件。这使得王经理流失了很多老客户。为此，王经理非常着急，但又想不出该用什么方法来留住老客户。如果你是王经理，你知道该怎么办吗？

众所周知，电脑配件购买后还需要安装，而且电脑本身在使用过程中就有可能出现或这样或那样的问题。而一般网店并不会针对电脑出现的问题进行及时解答，而且很多电脑问题只有经技术人员亲自检查后，才能确定和解决。

因此，王经理可以为他的老客户成立微信群，让他们将自己遇到的问题发在群内。这样，王经理就可以随时接收到老客户的提问，并在第一时间给予解决。久而久之，其客户黏性就会越来越强。

第 12 章　传统企业开展 O2O 活动时如何突出优势

Tips：传统企业可以利用到店方便、有问题能够当面解决的便利性来进行新老客户的维系，让新老客户在不知不觉中对企业产生依赖性。这样，客户在一般情况下就不会再另寻别家购买了。当然，在维系新老客户的时候，企业也要注意客户体验的舒适度，以客户为中心，为其解决实际问题。

12.4　突出文化与层次感

　　电商平台只能够提供给客户购买的机会，但无法让客户获得文化所带来的附加价值，无法为客户营造一个良好的体验环境。而传统企业则不同，可以通过突出文化与层次感将客户吸引过来。那么，传统企业到底该怎样突出文化与层次感呢？

12.4.1　如何突出文化与层次感

　　（1）**成立兴趣交流组**。比如，有人喜欢吉他，就会在网上买一把。但是，如果没有人教而自己又确实研究不明白，购买者就会放弃做这件事。而传统企业则可在客户购买吉他后邀请客户加入吉他交流小组，免费提供吉他课程培训。当客户感受到这种艺术氛围，并且从中学到了知识，客户就会追随企业。

　　（2）**提供娱乐场地**。比如，有人喜欢打棒球，就在网上买了棒球和相关用品，但是找不到场地来玩，于是选择放弃。而传统企业则可以为客户提供场地，让客户享受到完美的服务。久而久之，客户就会追随企业。

　　（3）**提供专人专项服务**。人们可以通过互联网购买产品，但享受不到一对一的针对性服务。那么传统企业就可以针对这一点做文章，当客户购买器具和硬件以后，安排专人对其进行跟踪服务，帮助其解决在实际操作中遇到的问题。这样，客户就会对企业产生依赖性。

　　（4）**创造展示平台**。比如，喜欢朗诵的客户会购买朗诵的书籍，喜欢萨克斯的客户会购买萨克斯。但其实客户更喜欢在人前进行表演。那么，传统企业就可

211

以定期为客户提供展示自己爱好的机会，满足其进行技术交流和展示的欲望，从而使其追随企业。

12.4.2 突出文化与层次感时应注意的问题

突出文化与层次感时应注意如下问题。

（1）避免打扰。这是指企业在营造文化与层次感时，要避免对客户造成打扰。如果客户不喜欢一对一服务，就不要强求。

（2）避免强制。这是指企业在邀请客户加入兴趣组或进行展示时，要遵从客户的个人意愿，避免给客户一种被绑架的感觉。

（3）突出成就。在为客户营造文化与层次感时，要让客户意识到自己得到了怎样的成长、有哪些方面的提升，这样才能使客户对企业产生依赖感。

12.4.3 案例：以餐厅为例详解如何突出文化与层次感

纪经理经营着一家民俗特色餐厅，但由于受到网店的冲击，餐厅的客流量越来越少。这可让纪经理愁坏了，他不知道该如何做才能留住顾客。如果你是纪经理，你知道该如何做吗？

读完上面的案例，你要思考的问题是，一家餐厅凭什么吸引人们去用餐？没错！除了独特的风味之外，还有美食文化，以及民俗文化氛围。的确，生活条件越来越好的人们，更渴望在吃特色美食、享特色风味的同时，感受到不同的文化氛围。

因此，纪经理可以突出餐厅的民俗特色，从餐具使用到用餐礼仪，再到菜品由来、菜品的味道，都设置得更能突出民俗特色，甚至还可以让服务人员穿民族服饰。这样才能使用餐者真正地感受到餐厅不一样的文化氛围，从中了解到不同的民俗风格和特色。

第 12 章　传统企业开展 O2O 活动时如何突出优势

> **Tips**：传统企业在受到电商企业的冲击时，可以通过突出文化和层次感来将客户锁定在自己周围。企业可以通过成立兴趣交流组、提供娱乐场地、提供专人专项服务和创造展示平台等方法让客户意识到企业带来的附加价值及个人的成长，这样客户才会对企业产生依赖性。

12.5　突出定制特殊性

虽然网络上的商品琳琅满目，但并不是所有商家都能依照客户的特殊需求来生产产品。比如，按照客户的口味定做美食、按照客户的审美定制服装、按照客户家乡的风俗习惯改制礼品。传统企业就不同了，由于传统企业有自己的生产线，掌握着核心工艺，很容易就能够按照客户的需求为其量身定制专属的产品。比如，玩偶企业优趣优品就是在这方面受益的典范。本节就来讲述突出定制特殊性对于传统企业的必要性。

12.5.1　如何突出定制特殊性

（1）**根据要求制作**。传统企业可以在售货阶段告知客户，店内所有的产品都可以根据客户的要求来进行制作，引导客户提出个性化要求。企业根据客户需求制作产品，客户购买到专属产品，从而拥有良好的购物体验。

（2）**不合心意可改**。对于电商平台而言，很多产品卖出去后无法为客户提供后续的调改服务，更无法根据客户的附加要求进行修改。而传统企业因为有自己的生产线，所以可以在外观、功能上为客户提供个性化服务，根据客户的后续要求不断进行整改和翻新。久而久之，客户就会对传统企业产生依赖感。

12.5.2　突出定制特殊性时应注意的问题

突出定制特殊性时应注意如下问题。

（1）**工期问题**。在根据客户的要求进行定做时，一定要注意工期问题。预留工期既不要太长，也不要太短。太长会增加客户的等待时间，进而造成客户流失；太短会使企业制作出来的产品质量无法保证，影响客户体验感。

（2）**不要大改**。众所周知，使用机器制造产品的时候都是批量生产的，因此企业在让客户提出要求时，也应该避免在产品的核心部分进行大改，否则，只会给企业造成负担。企业可引导客户在外观、样式上进行调整。

（3）**真实反馈**。在客户提出个性化需求后，企业要做到如实反馈，自己能改的就改，不能改的要及时说明。千万不要为了生意，不管客户提出的要求是否合理都给予承诺，那样只会给客户不好的体验。

12.5.3 案例：以床业制造公司为例详解如何突出定制特殊性

刘经理经营着一家床业制造公司，经营儿童床、成人用床、沙发床等。现在，他发现儿童床出现了滞销现象。这让刘经理很是苦恼，他不知道该怎么做才能扭转滞销局面。如果你是刘经理，你知道该怎么做吗？

根据上面案例的背景资料可知，刘经理面临的问题是儿童床滞销。那么你接下来要思考的问题就是，为什么儿童床会滞销？其实，答案很简单，就是很多家长怕孩子长大以后儿童床没法用，从而造成浪费。

所以，刘经理应该在促销时发布"儿童床终身修改服务"活动，让客户在购买儿童床时签订一个终身修改协议。这样，当孩子长大以后，客户就可以凭协议对企业提出要求，让企业根据要求将儿童床改成成人用床。公司从中收取一些工本费。这样既方便了客户，又使儿童床的销量有所提升，何乐而不为？

> **Tips**：传统企业可以通过允许个性定制，提供后续修改服务的活动来增加企业自身的竞争力。当然，企业在执行的过程中也应该注意工期和实际的技术问题，不要让客户等待太久；同时，针对客户所提出的需求，能满足的尽量满足，不能满足的要提前告知。

12.6 突出服务品质

与电商企业相比，服务是传统企业决胜的核心。那么，传统企业该如何突出服务品质呢？本节就针对这一问题进行详细阐述。

12.6.1 如何突出服务品质

（1）**微笑**。如果客户在购买商品时看到了店员的笑容，就会在潜意识里形成记忆，并对企业产生好感。

（2）**整洁**。在电商平台，大众购买商品时看不到卫生情况。而传统企业则可以将店面打扫得干干净净，从而利于客户在前来体验时形成记忆。

（3）**及时**。众所周知，电商企业针对客户所提出的问题，很多时候无法及时解决（如退换货）。而传统企业则可以及时做好这方面的工作，当客户遇到问题时第一时间予以解决，从而促使客户选择去传统企业消费。

（4）**细致**。无微不至的服务在很大程度上也能起到维系客户、锁住客户的作用。这就需要企业具备细致入微的观察能力，能够了解客户到底需要什么样的服务。在客户开口之前，企业已经为其提供了服务，就会使客户对企业产生好感，进而持续追逐。

12.6.2 突出服务品质时应注意的问题

突出服务品质时应注意如下问题。

（1）**避免尴尬**。企业在为客户进行服务时，一定要注意避免尴尬，不要刻意去进行过多的关注，否则只会让客户感到尴尬，严重者不再光顾。

（2）**具有洞察力**。很多人在有需求时并不会主动提出要求，这就需要企业的服务人员具有洞察力，能察觉出客户想要怎样的服务，进而最大限度地予以满足。

> **Tips**：传统企业要想通过完美的服务来吸引客户，就需要具备洞察力，在第一时间察觉出客户想要的服务，进而最大限度地予以满足。这样才能树立良好的企业形象，进而吸引更多的客户。

12.7 突出靠谱性

大众在电商平台购买产品时，一般都看不到企业的规模，也看不到产品的生产过程。所以，如果大众购买的产品比较昂贵，就会在线下的实体店进行购买。因此，传统企业突出企业的靠谱性显得尤为重要。

12.7.1 如何突出靠谱性

（1）专家验证。专家在大众心目中的地位可想而知。针对名贵产品，大众在无法分辨真伪时，喜欢听专家的意见。因此，传统企业可以邀请专家或第三方机构来针对产品进行验证，从而最大限度地增强人们对企业的信任感。

（2）亲自触摸。很多购买者知道该如何分辨产品的好坏与真伪，但因为无法触摸到而选择观望。因此，企业可以让购买者通过亲自触摸的方式来了解产品，进而促使其购买。

（3）全程透明。很多购买者会担心产品在制作、运输、包装的过程中被调包，那么企业可以将产品从生产制作到包装封箱的全过程透明化，毫无保留地呈现在大众眼前，从而消除购买者的疑惑，促使其购买。

12.7.2 突出靠谱性时应注意的问题

突出靠谱性时应注意如下问题。

（1）不用太过殷勤。企业不用太过殷勤，或者特地将一些细节展现给购买者，否则只会给人一种虚伪感，进而选择观望。

第 12 章　传统企业开展 O2O 活动时如何突出优势

（2）**不必刻意追求**。本节前边所提到的手段，一定要顺其自然地展示，千万不要刻意追求任何一个环节，也不要刻意将自己的产品与顶尖产品进行对比，否则会给购买者一种可以比较的感觉，让购买者觉得不踏实。

> **Tips：** 传统企业在突出靠谱性时，不妨找专家来进行验证，还可以将生产制作全过程透明化。同时，一定要注意避免刻意追求和过于殷勤，否则只会给大众一种另有所图、不太靠谱的感觉，从而使大众产生观望的态度。

第 13 章

哪些线上活动可以与线下活动相结合

在新媒体时代,每个企业都离不开互联网。传统企业只有通过线上活动与线下活动相结合的方法,才能够迅速突围,吸引更多的意向客户。那么,到底有哪些线上活动可以与线下活动相结合呢?本章,笔者就来进行详细阐述。

第 13 章　哪些线上活动可以与线下活动相结合

13.1　线上线下同时抽奖

很多企业在发起线下活动时，都会设置抽奖环节。但对于一个大型活动来说，来访者众多，稍不注意就会漏掉抽奖环节，而且奖券的发放也非常麻烦。那么，有没有办法来克服这一点呢？本节就来详细讲述"线上线下同时抽奖"这一活动形式，帮助传统企业利用现代技术解决棘手问题。

13.1.1　如何发起线上线下同时抽奖活动

在一般情况下，线上线下同时抽奖活动有下列三种方法。

（1）在线报名+现场电脑抽奖。这种方法需要活动参与者填写在线报名表。当活动开始时，参与者通过展示报名页面的方式入场。同时，活动现场服务人员需要对已报名的来访者进行标注。当活动进入抽奖环节时，技术人员将已报名的来访者的手机号导入抽奖系统，并启动抽奖按钮，界面上就会自动弹出获奖者的手机号码。

（2）扫码入场+现场抽奖。这种方法需要活动参与者在入场前扫描指定的二维码，这样系统后台就能够锁定参与者的微信号，当抽奖环节开始时，通过微信号进行抽奖。

（3）附近的人抽奖。这种方法比较简单，同时便于操作。与前两种方法相比，这种方法不需要通过专业的技术手段来实现，只需要活动主持人在抽奖环节开始时号召大家使用微信的"附近"功能。当抽奖正式开始时，主持人拿手机查看附近的人进行随机抽奖（可规定以主持人的手机为准，"附近"所展示的第×位附近的人获奖）。

13.1.2　活动中应注意的问题

线上线下同时抽奖活动中应注意如下问题。

（1）提前测试。在活动中，如果是通过抽奖系统来进行抽奖，那么一定要注意提前测试，千万不要在活动现场出现抽奖系统卡顿、无法使用的情况。

219

（2）Wi-Fi 信号要强。 由于这种抽奖方法是在线上进行的，因此活动现场的 Wi-Fi 信号一定要足够强，可供 500 人同时连接，从而确保活动的正常进行。

> **Tips：** 线上线下同时抽奖的方法比较新颖，为了确保活动正常进行，要提前测试抽奖系统，避免无法抽奖的情况出现。另外，活动现场的 Wi-Fi 信号至关重要，一定要确保可供 500 人同时连接，这样才不至于出现由于连接的人太多而无法抽奖的状况，进而使企业陷入尴尬之地。

13.2 线上游戏线下兑奖

对传统企业而言，实体店的人流量决定着店面的火热程度。即使企业在线上做得风生水起，也需要吸纳一部分人到店消费，从而形成热闹的氛围，进而吸引更多的人到店消费。那么，传统企业该怎样将客流量从线上引到线下呢？本节就来针对这一问题进行详细阐述。

13.2.1 线上游戏线下兑奖的形式

线上游戏线下兑奖，顾名思义，就是企业通过在线上发起活动的方式，吸引参与者到实体店进行兑奖和消费。这种活动一般有两种形式，具体内容如下。

（1）线上活动+线下促销会。 在一般情况下，企业通过发起线上活动吸引参与者进行参与；当获奖结果确定以后，参与者需要凭获奖界面截图到线下实体店参与促销活动。

需要注意的是，为了确保线下活动的人数，线上获奖人员的数量可以放大；获奖界面截图充当线下活动的门票。

（2）线上活动+线下领奖。 这种活动形式比较容易理解，即企业在线上发布活动，参与者凭借获奖界面截图到线下实体店进行兑奖。

13.2.2 执行过程中应注意的问题

在线上游戏线下兑奖活动执行过程中应注意如下问题。

（1）**提前测试**。一定要注意提前测试活动模块，这样才能够避免在活动中出现活动模块无法使用的情况。

（2）**奖品要有吸引力**。这样的活动核心在于刺激参与者到实体店来参与活动或进行兑奖。因此，奖品一定要有吸引力，让参与者认为值得到实体店来参与活动或进行兑奖。

> **Tips**：企业举办线上游戏线下兑奖活动一定要注意活动奖品的吸引力，要选择一些能够吸引参与者到店的奖品；另外，还要在活动发起之前对活动模块进行测试，避免在活动中出现活动模块无法使用的情况。

13.3 留言上墙

由于新媒体的不断发展，很多传统媒体也开始通过使用新媒体技术来调动线下活动参与者的积极性。其中，以留言上墙比较多见。那么，留言上墙该如何操作呢？本节就来针对这一问题进行详细阐述。

13.3.1 留言上墙如何操作

留言上墙一般有两种方法：模块助力法和手动操控法。

（1）**模块助力法**。这种方法比较简单，只需要找到现成的留言上墙活动模块，并找相关技术人员进行调试，在活动中使用即可。现成模块的好处是可以有效过滤负面评价，能够给参与者眼前一亮的感觉。

（2）**手动操作法**。这种方法比较原始，即当有参与者留言时，企业直接将电脑屏幕投屏。这样，现场参与者就能够清晰地看到最近的留言动态了。弊端是无法过滤负面评价。

13.3.2 执行过程中应注意的问题

留言上墙活动在执行过程中应注意如下问题。

（1）**做好硬件调试**。在活动中进行留言上墙之前，一定要做好充足的设备调试工作，确保活动执行过程中模块的稳定性。

（2）**烘托现场气氛**。如果只是让参与者自己来看屏幕，那么很显然，参与者看不懂，也不明白为什么要看。因此，主持人一定要做好活动现场的气氛烘托工作，从而使参与者能够被气氛所感染，进而感受到活动现场的热闹气氛。

（3）**选择靠谱的合作企业**。如果活动主办企业选择现成的留言上墙模块，那么一定要选择能提供专人到场进行操作与维护服务的企业。这样才能确保活动的正常进行。

> **Tips**：如果企业想要调动活动现场的气氛，那么可以选择留言上墙这种方式。当然，在选用现成的留言上墙模块之前，一定要做足调查工作，选择服务质量较好的企业来进行合作。只有这样，才能使活动顺利进行。另外，活动现场主持人的气氛烘托工作也必不可少。

13.4 晒状态写好评

如果传统企业想要将企业内部信息、产品信息传递给更多的人，就一定少不了引导消费者晒状态写好评。那么，消费者怎样晒状态写好评才能吸引更多的人群到店消费呢？企业该发布怎样的活动才能吸引更多的消费者晒状态写好评呢？本节就针对上述问题进行详细解析。

13.4.1 晒状态写好评活动如何操作

企业引导消费者晒状态写好评，就是想吸引更多的人来进行消费。而消费者之所以能够晒状态写好评，一是因为的确喜欢这家店铺，二是因为晒状态写好评之后能够获得实惠。那么，企业可以针对后者来刺激消费者多晒状态写好评。在一般情况下，晒状态写好评有如下两种方法。

（1）**附加活动法**。消费者在参与完活动后、领奖之前，需要在朋友圈里晒出真实的体验、消费状态，晒完以后才能够获得礼品。

（2）**返券折扣法**。消费者在就餐以后，需要将消费的状态、店铺环境、菜品样式等拍摄成照片，并附上此次消费的感受，这样才能够享受到菜品打折或返券的优惠。

13.4.2 执行过程中应注意的问题

晒状态写好评活动在执行过程中应注意如下问题。

（1）**照片美观度**。很多实体店，诸如餐厅、服饰店，都需要通过照片来吸引更多的人到店消费。因此，照片的美观度至关重要。所以，一定要引导消费者拍摄清晰、大方的照片，这样才能使其他人看到照片之后有前来消费的欲望。

（2）**感受要真实**。当消费者晒出自己的体验感受时，一定要引导消费者说出真实的感受，千万不要写"为了折扣……"或"打折"等字样。这样会有被强迫的嫌疑，进而使品牌失信。

（3）**注意提醒**。很多晒状态写好评活动由于店员没有提醒到位而无法保证参与率，因此，一定要提醒自家店员对消费者做到及时提醒，这样才能保证活动的参与率和人气。

（4）**注意发布重要信息**。很多消费者拍了照片，也说出了感受，却没有说清楚是哪家店，这也起不到为店铺进行宣传的作用。因此，店员一定要提醒消费者写出店铺的具体名称及具体位置，这样才能够起到吸引更多人参与的作用。

> **Tips**：如果企业想要吸纳真实口碑，那么可以引导消费者晒状态写好评。当然，店员一定要引导消费者写出真实感受，并夹杂诸如店铺名称、地址等基本要素。这样才能够刺激更多的人到店消费。

13.5 关注即享免费 Wi-Fi

Wi-Fi 对现代人来说必不可少。很多传统企业就看到了这一点，于是通过增设免费 Wi-Fi 的方法来吸引大批人群的关注。那么，关注即享免费 Wi-Fi 到底是如何操作的呢？下面笔者就来针对这一问题进行详细讲解。

13.5.1 关注即享免费 Wi-Fi 如何操作

现在很多代运营公司都拥有这一技术，企业只需要购买他们的 Wi-Fi 设备，经他们的专业人员安装后现场学习使用即可，方便快捷。当设备安装调试好后，企业只需每天将设备打开即可。

当有人到店消费或路过想要上网时，搜索到企业的 Wi-Fi 后会自动弹出企业的新媒体账号。人们只有关注后，才可以正常上网。这样，企业新媒体账号的关注度就会越来越高，后续企业发布活动和动态后就会有更多的人关注。

13.5.2 执行过程中应注意的问题

关注即享免费 Wi-Fi 在执行过程中应注意如下问题。

（1）**调试设备**。企业在通过免费提供 Wi-Fi 为新媒体账号吸纳粉丝，争取更多关注度时，一定要注意对设备的调试，让安装人员教会企业操作人员如何使用及保养设备；另外，还要知道 Wi-Fi 可供多少人同时在线。只有这样，企业才能最大限度地确保吸纳到更多的意向客户。

（2）**通电及保养**。要知道，Wi-Fi 设备要靠电来维持正常使用，因此，一定要注意通电和保养，从而确保 Wi-Fi 的正常使用。

（3）**找好合作的代运营公司**。由于这样的 Wi-Fi 一般企业都不会维修和安装，因此一定要找信誉比较好、行业内好评度比较高、比较注重服务的代运营公司来进行合作。这样才能确保当 Wi-Fi 出现问题时，有专业人员及时到场维修。

第 13 章 哪些线上活动可以与线下活动相结合

> **Tips：** 当企业选择通过免费提供 Wi-Fi 为新媒体账号吸纳粉丝，争取更多关注时，一定要选择口碑和信誉比较好的代运营公司进行合作。这样才能确保在 Wi-Fi 出现问题时，有专业人员及时到场维修。

13.6 资料大礼包推送

众所周知，传统企业具有非常深厚的技术底蕴，所以很多企业在意识到这一点后，将过往经验总结成资料大礼包，通过公众号进行推送，进而吸引大批粉丝的关注与追随。那么，资料大礼包推送具体该如何操作呢？本节就来针对这一问题进行详细讲解。

13.6.1 资料大礼包推送如何操作

由于目的不同，一般资料大礼包推送有两种方式。

（1）**为新媒体账号吸纳粉丝**。其操作过程可分为如下四步。

① 在新媒体账号内设置对关键词的图文回复，并将大礼包云盘地址添加到图文消息内。

② 通过微博、微信等新媒体官方账号发送资料大礼包免费放送的消息。

③ 当参与者扫码并关注新媒体账号后，回复指定关键词即可弹出大礼包下载地址。

④ 参与者根据大礼包下载地址进行下载。

（2）**促成成交**。这种操作方式也很简单，可分为如下三步。

① 通过新媒体账号发送"购物即可额外获得价值××元的资料大礼包"的消息。

② 当参与者在实体店或企业的网店完成购物以后，引导其扫码或添加微信。

③ 将大礼包推送过去。

13.6.2 执行过程中应注意的问题

资料大礼包推送在执行过程中应注意如下问题。

（1）**资料大礼包要具备含金量**。所赠送的资料大礼包一定要具备一定的含金量，让参与者能够在阅读完以后切实学到一些东西。这样才能够起到口碑宣传的作用。如果资料大礼包含金量太低，参与者并没有切实学到东西，就会产生负面影响，进而影响活动的曝光。

（2）**注意资料大礼包的大小**。所赠送资料大礼包的大小一定要适中，千万不要出现参与者需要下载一两个小时的状况，否则会让参与者失去耐心。但如果太小，下载几秒就完事，也会让参与者感觉企业的诚意不够。因此，资料大礼包的大小一定要适中。

（3）**注意引导传阅**。资料大礼包推送的目的是争取曝光，因此，企业还可以为参与者增设任务（如将本消息转发给其他人、转发到群等），从而争取最大限度的曝光。

> **Tips**：当企业通过资料大礼包推送的方式来为新媒体账号吸纳粉丝、促成成交时，一定要注意资料大礼包的含金量和大小。既要占据参与者一定的时间来下载，又要让参与者能够从中学习到一定的知识，这样才能够使活动产生口碑效应，便于传播。

13.7 线下客户线上维护

如果企业想要将客户时刻锁定在企业周围，那么可以将线下的新老客户和意向客户聚拢到线上，通过微信群、微博来进行维护。那么，这又该如何进行操作呢？本节就来进行详细讲解。

13.7.1 线下客户线上维护如何操作

在一般情况下,线下客户线上维护有如下两种方法。

(1)**线上增值服务/培训**。这种活动的操作方法比较简单,即企业将新老客户通过扫码的方法聚拢到指定的新媒体账号、微信群、QQ 群内,不定期地发布直播链接,并且告知培训时间。这样,客户就能够通过观看直播的方式来了解企业产品的使用方法。企业在培训时也应该允许客户进行自发提问,争取在第一时间解决客户的问题,从而给客户以良好的体验感。

(2)**群友优惠**。这种活动的操作方法其实并不难,即当客户完成购物以后,企业引导其进行扫码,加入指定的微信群或 QQ 群,当客户回购时,客户可以凭群员身份获得一定的优惠。当然,客户在群内也能够获得关于店铺的其他第一手消息,进而提升客户对企业的好感度。

13.7.2 执行过程中应注意的问题

线下客户线上维护在执行过程中应注意如下问题。

(1)**避免打扰**。很多客户不愿意加入微信群或 QQ 群,其实原因很简单——讨厌被打扰。而且,由于群内发送消息的人过多,会导致手机内存不够用。因此,一定要设定群规,规定大家在何时可以发消息,其他时间不要发消息。这样才能避免打扰客户,同时让客户看到重要信息。

(2)**及时提醒**。如果想要让客户加入微信群或 QQ 群,就一定要让店员及时提醒客户加入。千万不要造成群已经建了,但由于店员怕麻烦,出现执行不到位的情况。这样客户享受不到增值服务,容易造成客户流失。

(3)**避免强制**。有些客户确实不愿意加入带有营销性质的群,那么企业也不要强制,只要做到提醒即可,一定要遵从客户本人的意愿。

(4)**网络畅通**。既然企业邀请客户加群,那么一定要确保店铺内的网络是畅通的,这样客户才能够顺利扫码入群,从而起到聚拢客户的作用。如果网络不畅通,客户就会因为加群困难而不入群,进而造成客户流失。

> **Tips**：当企业使用线下客户线上维护的方法来维系新老客户的时候，一定要注意避免打扰，要规定好说话的时间，这样才能够确保既不对新老客户造成打扰，又能够使其阅读到重要信息。同时，还要注意网络畅通，使客户可以顺利扫码进群，从而避免客户流失。

13.8 攒积分得优惠

同传统的会员卡积分一样，很多传统企业也在另辟蹊径，通过发布线上游戏的方式引导参与者积攒积分，凭借积分到店消费，可获得一定的优惠。这样做能够刺激参与者成为企业的宣传者，进而变成忠实客户。那么，这种攒积分得优惠的方法又该如何操作呢？本节就来进行详细讲解。

13.8.1 攒积分得优惠如何操作

对于传统企业而言，攒积分得优惠的操作方法非常简单，现在很多代运营公司都已经开发出了现成的活动模块，企业只需在采购后设定好规定动作和相应的积分分数即可。

到底该如何设定规定动作和积分分数呢？其实，这里的"规定动作"就是指企业想让参与者做什么动作，如邀请好友关注、将图文消息转发给好友、在网络上发布企业推广链接等。这里的"积分"就是指完成每个动作后能获得多少积分。下面，笔者总结了一个表格，供大家在日常工作中参考使用。

规 定 动 作	可 获 积 分
邀请好友关注	10分/人次
将图文消息转发给好友	5分/次
在网络上发布企业推广链接	3分/条

企业在设定好规定动作后，就可以请代运营公司的技术人员在活动后台进行输入和填充了。企业只需确定活动的开始时间，并且发布活动消息即可。对于每

第 13 章　哪些线上活动可以与线下活动相结合

个人都做了哪些动作、获得了多少积分，活动模块后台会自动统计。

除此之外，企业还需要确定好参与者获得一定数量的积分后能够得到什么优惠。比如，攒 100 积分可到店享受五折优惠，攒 80 积分可以领取一个纪念品等。

13.8.2　执行过程中应注意的问题

攒积分得优惠在执行过程中应注意如下问题。

（1）**找靠谱的代运营公司合作**。这样的活动由于对技术和服务要求都比较高，因此一定要选择靠谱的代运营公司进行合作。这样才能确保当活动模块出现问题时，代运营公司会派出专业的技术人员进行调试和处理。

（2）**活动模块要提前测试**。这样的线上活动一定会产生引爆效应，因此在活动之前一定要做好调试工作，也要了解最多多少人同时登录游戏模块后台会造成拥挤，从而避免因参与者众多而出现活动模块瘫痪的情况。

（3）**对店员做好培训**。这样的活动还需要实体店店员进行配合，因此做好培训工作尤为重要。一定要确保每个店员都知道该如何查看参与者的积分数额，以及在参与者使用积分后，如何在活动后台减去相应的数额。这样才能确保参与者与企业的切实利益。

> **Tips**：如果企业采用攒积分得优惠的活动模式，就一定要找靠谱的代运营公司进行合作，当然，还要注意设定好参与者的动作和可获积分。与此同时，对于店员的培训也至关重要，因为只有让每位店员都清楚怎样查看积分、怎样减去参与者所消耗的积分，才能使活动顺利进行。

第 14 章

传统企业开展 O2O 活动时应注意的问题

众所周知，传统企业在试水 O2O 活动的过程中难免会遇到或这样或那样的问题。本章，笔者根据多年的实操经验，从选择代运营公司、活动组件的测试、对客服人员的培训等方面，详细解析传统企业开展 O2O 活动时应注意的问题。

第 14 章 传统企业开展 O2O 活动时应注意的问题

14.1 选择靠谱的代运营公司

现在,传统的广告公司和代运营公司的技术水平参差不齐,再加上大家的用语都非常专业,导致传统企业根本无法分辨这些公司的实力强弱,更不知道该选择怎样的代运营公司来合作线上活动比较靠谱。本节就来针对这一问题进行详细讲解。

14.1.1 如何分辨靠谱的代运营公司

在互联网行业,尤其是近些年才兴起的新媒体公司,单看人员数量是无法辨别公司实力的。因为随着近年来万众创业的势头猛增,很多传统的广告公司和代运营公司高管也出来创业,但规模一般都不太大。那么,企业到底该如何分辨代运营公司的实力和服务质量呢?其实非常简单,企业只需查阅如下几方面即可。

(1)**过往案例**。过往案例能够非常清楚地显示出代运营公司之前都做过哪些活动,每个活动达到了什么样的效果,以及该公司的代运营运维能力和排版能力如何。可见,查阅过往案例能够考察出对方的实力。

(2)**公司大号**。代运营公司或新媒体公司一般都拥有属于自己的大号。因此,企业只需要查看对方的大号,就能够清晰地得知这家公司的新媒体运营实力,进而决定是否合作。

(3)**执行项目**。除查看上述两项内容外,查看代运营公司正在运作的项目也尤为重要。这样不仅能够清晰地感受到该公司员工的服务态度,而且能够看清其执行力及实力。

(4)**公司架构**。对代运营公司或新媒体公司而言,其就算是初创业的公司,也会拥有销售、文案、设计、技术这几方面的人才。如果代运营公司具备这几方面的人才,就说明其能提供的服务至少是全面的。如果连这几方面的人才都不具备,那么企业可要小心了。

(5)**是否具备研发能力**。研发能力对于代运营公司及新媒体公司来说非常重要。线上活动虽然规则和流程大同小异,但活动背景和活动算法,以及积分的规则要求都不同。这就意味着需要技术人员针对每个活动进行独立开发。如果代运营公司不具备研发能力，就意味着活动可能很难落地。

14.1.2 选择靠谱的代运营公司时应注意的细节

选择靠谱的代运营公司时应注意如下细节。

（1）**营业执照**。营业执照不用多说，只要是正规公司，就应该有，被考察的代运营公司只需出示一下，证明自己的公司是正规公司即可。

（2）**员工状态**。新媒体公司的员工一般都对自己的工作充满激情。因此，一定要注意查看代运营公司的员工状态。如果激情满满，就意味着这家公司的员工对自己的实力充满信心，是渴望闯出一片天地的；如果毫无激情，那么很显然他们的技术能力理应被质疑，还是不合作为好。

（3）**服务态度**。这是指在合作之前，要注意查看代运营公司员工的服务态度：在去洽谈合作和签单的时候，如果对方手机有打进来的电话，就要留意他们处理问题的态度：如果态度生硬或拒接，就意味着可能存在问题；如果大大方方地接听，就意味着他们是以客户为中心的。

（4）**是否轻易承诺**。正规的代运营公司从不轻易承诺，因为一旦承诺就意味着他们要实现。因此，在一般情况下，当客户提出创意和要求后，他们都会和技术人员进行沟通。如果无论其客户说什么都敢于承诺，就意味着他们根本就没有思考创意的可行性，也没有和技术人员进行沟通，甚至不知道能否实现。如果是这样，企业就要慎重考虑是否合作了。

> **Tips**：传统企业在选择靠谱的代运营公司进行合作时，应当主要查阅对方公司的案例和公司大号，这样能够看出对方的实力。与此同时，还要查阅对方公司是否具备研发能力，这是线上活动创意能否落地的关键。

第14章 传统企业开展O2O活动时应注意的问题

14.2 做好活动组件的测试

企业在发布线上活动前，都会针对活动组件进行测试。那么，从未深入接触过网络的传统企业该如何与代运营公司相配合，做好活动组件的测试呢？本节就针对这一问题进行详细讲解。

14.2.1 如何做好活动组件的测试

（1）查看简易度。这是指查看普通大众是否能够通过查阅图文消息的方式，根据活动界面上的提示顺利参与活动。比如，可以邀请企业中 50 岁以上的员工或员工的小孩来对活动组件进行测试，如果他们都能够搞清楚，则说明活动界面上的提示比较清晰明确。

（2）活动模块的稳定性。活动模块的稳定性对于线上活动来讲至关重要。因此，企业一定要在活动之前进行一轮压力测试。比如，可以让企业内所有员工同时参与游戏，看是否会出现界面卡顿或活动模块瘫痪的现象。

（3）活动是否达到预期。看活动是否达到预期，主要是看活动是否在按照企业所设定的规则开展，这就需要活动规则的设定人员亲自去体验。

14.2.2 做活动组件测试时应注意的问题

做活动组件测试时应注意如下问题。

（1）活动背景是否突出企业。企业发起一个活动的目的是宣传企业及宣传产品。因此，一定要注意活动背景是否包含企业 Logo 等元素，要让活动参与者能够清晰地知道这次活动是由谁发起的。只有这样，才能达到宣传企业的目的。

（2）搜集活动数据。在测试活动组件时，一定要注意活动数据的搜集情况，知道活动数据是怎样搜集的。这样才能确保在活动结束的时候，企业能够看到活动结果，进而根据活动结果来发起下一轮活动。

> **Tips**：当传统企业与代运营公司合作进行活动组件测试时，不妨找自己的家人来进行测试，这样更能测试出活动发起时的效果，确保所有人都能够看得懂活动界面上的提示，并参与到活动中来。另外，也不要忘记进行一轮压力测试，这样能确保活动参与人数众多时活动模块不至于瘫痪。

14.3 对客服人员进行培训

很多传统企业在涉足互联网的时候都没有注意对客服人员进行培训，认为客服人员会基本的电脑操作即可。实际上，这大错特错。本节就针对这一问题进行详细讲解。

14.3.1 传统企业如何对客服人员进行培训

传统企业要转战线上，开辟互联网渠道，不仅要对客服人员进行电脑操作培训，而且要对其进行专业知识培训。

（1）电脑操作培训。电脑操作的培训内容一般包括店铺的商品上架和下架、活动的开展、商品文案的撰写、在线客服聊天工具的使用，以及基本的电脑知识。一定要确保客服人员具有超快的打字速度，这样才能在确保多人同时对客服人员进行提问时，客服人员能够及时回复。

（2）专业知识培训。客服人员除接待投诉和抱怨的客户外，还需要针对这些投诉和抱怨进行及时处理。如果客服人员懂专业知识，能够处理一些简单的技术问题，就会减轻企业技术人员的负担，同时，也能给客户良好的购物体验。

14.3.2 对客服人员进行培训时应注意的问题

对客服人员进行培训时应注意如下问题。

（1）抗压能力。客服人员一定会接到大量的投诉和抱怨信息，因此其抗压能力至关重要。面对大量的问题，客服人员主要的工作就是缓解客户心中的愤怒。因此，无论客户如何抱怨，客服人员都要从容应对，千万不能出现客服人员向客户抱怨自己劳累的现象，否则，只会激起客户对企业的反感。

（2）**打字速度**。如果客户在咨询完客服人员后并没有得到及时回应，他们就会认为企业的服务和宣传不到位，进而对企业失去信心。因此，客服人员的打字速度很关键，关系到能否为客户及时解答问题。

> **Tips**：企业在线客服人员除需要缓解客户的负面情绪外，还需要在第一时间解决客户所提出的问题。因此，企业一定要注意针对客服人员进行电脑操作和专业知识的培训，让客服人员具备一定的抗压能力和极快的打字速度，从而让客户有良好的购物体验。

14.4 做好对店内人员的告知与培训

每次活动的成功举办，都离不开线上、线下的配合。如果企业的线上活动做得非常好，但在线下兑奖环节没有进行及时服务和到位的促销，那么企业同样不能收获良好的活动效果。因此，做好对店内人员的告知与培训就显得尤为重要了。

14.4.1 对店内人员进行哪方面的告知

对店内人员应进行如下告知。

（1）**告知活动**。在活动开始时，一定要对店内人员进行告知，并让他们参与活动。这样，店内人员才能够对活动拥有全面认知。

（2）**告知兑奖方法**。这是指告知店内人员兑奖方法，使其能够在第一时间熟悉兑奖事宜，进而在有人兑奖时及时招待。

（3）**告知兑奖规则**。除告知兑奖方法外，相关负责人还应告知店内人员兑奖规则，从而最大限度地避免奖品的多发和漏发，避免企业与参与者之间的误会。

（4）**告知如何促销**。相关负责人还应告知店内人员参与者进入店铺后，店内人员应该在何时对其进行促销。这样才能使被吸引来的意向客户变成忠实客户，最大限度地确保活动效果。

14.4.2 对店内人员进行告知与培训时应注意的问题

对店内人员进行告知与培训时应注意如下问题。

（1）**确保全部明白**。在对店内人员进行告知与培训时，一定要进行实战演练，让店内人员真正清楚兑奖凭证及兑奖流程。

（2）**设立专人**。对于实体店的员工来讲，其工作任务并非只有兑奖这一项，更多时候，他们还要进行销售与看店，甚至摆放与搬运商品，而忙起来就很容易忘记兑奖这件事。因此，实体店要安排专人专门负责兑奖与促销，从而确保有人来店兑奖时能够得到及时的招待。

> **Tips：**当传统企业开展互联网活动时，一定要做好对店内人员的告知与培训，让店内人员清楚兑奖流程及兑奖规则。另外，还要设立专人来负责兑奖事宜。只有这样，才能确保有人来兑奖时有专人及时接待。与此同时，选择对兑奖顾客进行营销的时机也尤为重要。

14.5 兑奖方式明晰

当传统企业通过线上活动将意向客户吸引到实体店时，一定要注意兑奖方式的明晰，要让人明确知道该如何兑奖。这样，在调动大众参与积极性的同时，也能够减轻实体店内人员的工作量。

14.5.1 使兑奖方式明晰的方法

使兑奖方式明晰的方法如下。

（1）**尽可能简化流程**。想要使兑奖方式明晰，最简单的做法就是简化兑奖流程。比如，能一步完成操作的不要变成两步，能出示兑奖界面的不要提供电话和身份证号码，能机器自动核实的不要选择人工。

（2）**兑奖口醒目**。在实体店设置的兑奖口要起到引导作用，一定要将线上活动兑奖口设置得醒目、简单，方便参与者到店后第一时间找到兑奖处进行兑奖。

（3）**专人讲解**。实体店应安排专人针对兑奖的流程进行讲解，从而使参与者快速完成兑奖，同时享受到良好的服务。

14.5.2 执行过程中应注意的问题

在使兑奖方式明晰的执行过程中应注意如下问题。

（1）**缩短等待时间**。在兑奖的时候，一定要尽可能地缩短参与者在兑奖过程中的等待时间，这样参与者才能够拥有良好的体验，进而对品牌产生好感。如果兑奖等待时间过长，则会使参与者产生厌烦心理，甚至不再参与企业的其他活动。

（2）**切忌遗漏**。现场兑奖服务人员一定要时刻保持警惕，切忌照顾不周。否则，参与者就会有所不满，进而对企业产生负面情绪。

> **Tips**：企业在设定兑奖方式时，一定要尽可能简化兑奖流程，从而减轻实体店服务人员的工作压力。另外，线下兑奖口的标识一定要醒目，从而便于参与者第一时间找到兑奖处进行兑奖。

14.6 实体店相关信息的告知

传统企业在邀请大众到店参与活动时，一定要注意将实体店的相关信息进行告知，从而使参与者能够根据实体店的实际情况，选择合适的时机、使用合适的交通工具来参与。那么，在活动中企业该明确告知参与者实体店的哪些信息呢？本节就来针对这一问题进行详细讲解。

14.6.1 活动中应告知参与者实体店的哪些信息

活动中应将实体店的如下信息进行告知。

（1）**车位信息**。在活动发布以后，一定要明确告知大众这次活动现场的车位信息，这样参与者才能选择合适的时机来参与，从而确保自己的车辆有地方停放。如果在活动中没有明确告知车位信息，那么大众有可能认为私家车没地方停放，从而选择不去参与活动。

（2）**就餐信息**。企业还需明确告知活动现场附近的就餐信息，从而使参与者就近选择就餐地点。否则，参与者会因为担心就餐问题而选择放弃参与活动。

（3）**住宿信息**。如果举办的活动规模比较大，持续的时间比较长，那么一定要及时告知住宿信息。这样才能够最大限度地避免参与者走错路，盲目寻找住宿地点，最终因无法住宿而选择离开活动现场。

（4）**路线信息**。对于线下活动而言，活动现场的交通便利程度也是重中之重。因此，在活动发布时一定要明确告知到达活动现场的路线，以及可以乘坐的车辆，从而让参与者感到便利，进而参与到活动中来。

（5）**服务点信息**。企业在举办大型线下活动时，为避免参与者迷路，或者无法找到自己感兴趣的区域，一定要在活动发布时告知活动的服务点在哪里，从而便于参与者在有需求和遇到困难时能够在第一时间寻求帮助。

（6）**应急电话**。有时候参与者在活动现场找不到服务点，那么企业也可以在活动发布时公布一个应急电话。这样，参与者在遇到困难与问题时就可以站在原地拨打应急电话，等待服务人员前来处理。

14.6.2 执行时应注意的问题

在告知参与者实体店的相关信息时应注意如下问题。

（1）**消费场所分梯度提供**。针对活动现场的餐饮、住宿等消费场所，企业一定要想办法分梯度提供——让参与者明确地知道，哪些消费场所的价格比较高，哪些消费场所的价格比较亲民。这样才能使大众根据需求，找到适合自己的就餐

第 14 章　传统企业开展 O2O 活动时应注意的问题

和住宿地点。

（2）**确保应急电话畅通**。在大型活动中，参与者难免会出现或这样或那样的问题，因此一定要确保活动现场应急电话的畅通。当参与者拨打电话时，有人在第一时间接听。只有这样，才能够提升参与者的满意度，进而对企业产生信任感。

> **Tips**：在活动中，一定要注意将实体店的相关信息告知参与者，如明确告知参与者活动现场周边的餐饮、住宿等信息，同时告知参与者到达活动现场的路线，以及活动现场的车位等相关情况。这样才能够最大限度地提升参与者的舒适度。另外，在活动现场设置应急电话也是非常必要的。

14.7　不要隐藏二次消费

企业一定要注意在活动中不要隐藏二次消费。如果参与者在兑奖之前还需要进行额外付款，就难免会产生心理落差和被欺骗的感觉，进而对企业和品牌失去信任。那么，哪些属于企业易在不经意间忽略掉的二次消费呢？下面笔者就来进行详细讲解。

14.7.1　哪些属于二次消费

（1）**细碎的小物件**。传统企业一般都会针对细碎的小物件收取额外的费用，如果不提前告知，就会影响参与者的体验感。那么，细碎的小物件都包括哪些呢？对于餐饮行业而言，细碎的小物件包括碗筷、餐巾纸、烧烤用炭、锅底、调料等；对于化妆品行业而言，细碎的小物件包括睫毛、粉扑等；对于住宿而言，细碎的小物件包括毛巾、牙膏、牙刷、香皂等；对于摄影行业而言，细碎的小物件包括相框、服装、照片版权等。企业在发布活动之前，一定要进行严格自查，如果确实收费，一定要提前说明。这样才能让活动参与者有被尊重的感觉，进而持续参与。

（2）**额外服务**。比如，你发布了免费为大众按摩的活动，在按摩时使用了精油，却没有告知参与者这个精油是需要参与者自己花钱来购买的，那么，参与者就算最后付了款，也会产生负面情绪。因此，针对需要付款的额外服务，企业一定要及时告知参与者，以免发生误会。

14.7.2 执行时应注意的问题

在执行时应注意如下问题。

（1）**提醒要醒目**。如果企业在发布活动时有确实不可避免的针对小物件、额外服务进行收费的项目，就要有醒目的提醒。企业可在醒目的地方贴上额外消费项目的价目表，同时在参与者参与之前进行口头提醒。这样就会大大提升参与者的满意度，进而使参与者更加乐于接受这些额外的收费项目。

（2）**切忌强制**。如果参与者确实只想免费体验，或者用低廉的价格享受服务，那么企业也不要强制其消费。千万不要出现不花钱就享受不到优惠的情况，否则只会让参与者对企业失去信任。

> **Tips**：如果企业选择通过活动的方式来吸引更多的消费者进行参与，那么一定要最大限度地避免参与者的二次消费。如果活动中确实有一些细碎的小物件和额外服务必须收费，则一定要醒目地张贴出来，同时在参与前进行口头告知。这样，参与者才能够更加乐于接受。否则，参与者会有一种被欺骗的感觉，进而对品牌产生负面情绪。

14.8 注意客户的留存率

在活动中，企业除要吸引更多的人到实体店进行消费外，还要注意客户的留存率。那么，企业怎样做才能在活动中找出客户呢？本节就针对这一问题进行详细解析。

14.8.1 如何在活动中找出客户

（1）**发放售后卡**。当参与者在活动中购买产品后，企业可以通过发放售后卡的形式，引导参与者填写姓名和联系电话，之后将售后卡的副卡发放给客户。这样，企业只需查看这次活动发放了多少张售后卡，就能清楚地知道这次活动带来了多少客户。

（2）**引导扫码**。发放售后卡的方法多少有些老套和麻烦，那么企业也可以引导客户在购买产品后加入售后群。这样不仅能够使客户的问题在第一时间得到解决，还能够使企业清晰地了解这次活动所带来的客户有多少。

（3）**后续赠送**。在客户购买一些大型或特别昂贵的产品后，企业可以以后续定期赠送杂志和小礼品的方式，吸引客户填写姓名、电话、联系地址等基本情况反馈单。这样，企业就可以知道这次活动到底挖掘了多少客户。

14.8.2 留住客户时应注意的问题

企业在留住客户时应注意如下问题。

（1）**避免强制**。如果客户实在不想填写自己的姓名、电话，或者不愿意扫码，那么也不要强迫，应当遵从客户的意愿，最大限度地为其提供舒适的购物环境。

（2）**注意信息的真实性**。在客户填写完基本信息后，服务人员可以以确保服务到位的名义来核对客户所填写的相关信息。这样，企业就能够在第一时间确认信息的真实性。

> **Tips**：企业在发布活动的同时，也要注意活动中客户的留存率。企业可以通过发放售后卡、引导扫码、后续赠送等方式来留存客户信息，从而便于二次营销。当然，如果客户实在不愿意留下个人基本信息，那么也不要强求，应当尊重客户的意见。

14.9 突发事件的处理

传统企业在开展 O2O 活动时，难免会遇到或这样或那样的问题。针对这些

241

突发事件，企业不可能坐视不管。那么，当突发事件来临时，企业应该如何做呢？本节就针对这一问题进行详细讲解。

14.9.1 如何处理突发事件

突发事件有两种形式：线上突发事件和线下突发事件。

（1）**线上突发事件**。线上突发事件一般包括活动模块故障、活动规则不清晰、活动界面扭曲等情况。当这些问题出现以后，企业要先将事故告知客服人员，并与客服人员统一口径；接下来要尽快给合作的新媒体公司拨打电话，沟通问题的解决方案。

（2）**线下突发事件**。当线下活动现场出现突发事件时，企业可以派出应激安保小组来进行解决，必要时，尽快拨打报警电话；同时，还要确保活动现场的正常秩序，让现场的安保人员引导参与者第一时间撤离活动现场。

14.9.2 处理突发事件时应注意的问题

处理突发事件时应注意如下问题。

（1）**沉着冷静**。在活动开展过程中，无论是线上还是线下出现问题，企业都不必惊慌。有些时候，看似很难处理的问题，在专业人士的眼里根本不值一提。因此，企业只需做好参与者的安抚工作，并联系相关人员在第一时间解决即可。

（2）**不躲避**。当遇到突发事件时，企业一定不要躲避。很多时候，参与者只是因为扫了兴所以才会怒火中烧，并不代表活动不好或企业实力不行。当突发事件来临时，企业一定要在第一时间站出来，不躲避，积极联系各方人员处理问题，同时做好参与者的安抚工作。

（3）**行动及时**。当突发事件发生时，企业一定要行动及时，在第一时间站在参与者面前，这样才能给参与者一种安全感，进而促使其在下次购物时依旧选择企业的产品进行购买。

第 14 章 传统企业开展 O2O 活动时应注意的问题

> **Tips：** 当遇到突发事件时，企业一定要保持冷静，做好参与者的安抚工作，同时积极联系相关人员进行协商解决。

14.10 进行二次营销

众所周知，企业发布活动的目的是营销和进行二次营销。有些企业在进行二次营销之后会发现参与者的关注度越来越低，一时摸不着头脑。本节就来讲一讲二次营销的方式，帮助企业顺利进行二次营销。

14.10.1 进行二次营销的方式

企业进行二次营销的方式如下。

（1）**文章推广**。这种方式最为普遍，即企业在活动中引导参与者关注企业的官方新媒体账号，在活动结束后，企业通过不断推送文章的方式来进行营销和推广。

（2）**发放杂志**。这种方式一般适用于高端品牌。当参与者购买产品后，企业会记下他们的联络地址，进而定期发放杂志。这样，参与者就能够在第一时间了解到企业最近的产品动态。

（3）**发送慰问短信**。发送慰问短信在企业营销活动中应用得也非常普遍。企业在节假日或特殊日子来临时，会给已经购买产品的参与者发送慰问短信，从而提醒参与者关注品牌。

（4）**电话跟踪**。电话跟踪一般是指参与者在购买产品后的几个月内，企业根据使用状态对参与者进行电话跟踪，询问参与者在使用产品的过程中都遇到了哪些问题，使用得是否满意，同时告知参与者企业最近的产品动态。

14.10.2 进行二次营销时应注意的问题

企业在进行二次营销时应注意如下问题。

（1）切忌频繁。企业在进行二次营销时切忌频繁，最好每个季度一次或每月一次，推送文章每周两三次即可，否则就会给活动的参与者一种强制消费的感觉。

（2）找准时间。要知道，每个人的时间都是有限的，如果企业将进行二次营销的时间选在工作时间段内，那么很显然活动参与者就会有一种被骚扰的感觉，进而对企业产生负面情绪。所以，企业一定要选择合适的时间段来进行二次营销。

> **Tips**：企业在对活动的参与者进行二次营销时，一定要注意营销的频次和时间，千万不要让参与者感觉被骚扰了，否则不仅起不到二次营销的作用，还会使参与者产生厌烦情绪，进而对企业产生厌倦感。

第 15 章
举办活动时应注意的其他问题

企业在举办活动时，难免会遇到或这样或那样的问题，因此，活动的策划人员一定要提高警惕并具备全局观念，不放过活动现场的任何一个细节。除本书前面所提到的注意事项外，在举办活动时，企业还应注意哪些问题呢？本章，笔者就来进行详细阐述。

15.1 将服务人员和参与人员区分开

在活动中，参与人员往往会遇到或这样或那样的问题，那么当他们产生疑问、渴望得到帮助时，该向谁发起询问呢？由此可见，让活动参与人员在活动现场快速找到服务人员是非常必要的。因此，活动的主办方应该想办法将服务人员与参与人员进行区分。

15.1.1 如何将服务人员和参与人员区分开

（1）**统一着装**。在大型活动中，服务人员进行统一着装是非常有必要的。一来能够让活动的参与人员清楚地知道这次活动的服务人员在哪里，二来还能树立企业形象，让参与人员认为这次活动非常正式、专业。

（2）**佩戴挂牌**。如果让活动服务人员统一着装，那么佩戴挂牌就显得尤为重要了。这样不仅能够使活动参与人员快速、轻松地辨认服务人员，还能够起到加速了解的作用，使活动参与人员快速找到相关负责人。

15.1.2 将服务人员和参与人员区分开时应注意的问题

将服务人员和参与人员区分开时应注意如下问题。

（1）**避免撞衫**。如果企业选择用统一着装的方法来区分服务人员和活动参与人员，那么一定要选择一些非常规的款式或比较特殊的面料，最好使用带有统一Logo的服装作为服务人员的着装。这样才能最大限度地避免服务人员的服装与活动参与人员的服装撞衫，从而避免尴尬。

（2）**颜色醒目**。无论是用统一着装的方式还是用佩戴挂牌的方式来区分服务人员和参与人员，都一定要使用相对显眼的颜色，从而确保参与人员能够在大型会场快速找到服务人员。

第 15 章 举办活动时应注意的其他问题

> **Tips**：为了给活动参与人员以完美的服务体验，企业有必要要求在活动现场服务人员统一着装、佩戴挂牌，同时也要注意颜色醒目。这样，参与人员在遇到问题时就能够快速地找到服务人员进行处理。

15.2 做好参与人员的信息登记

企业发起活动的目的之一是最大限度地搜集意向客户的信息。因此，活动参与人员的登记问题就成为活动效果好坏的关键。那么，企业该如何做好参与人员的信息登记呢？下面笔者就来进行详细讲解。

15.2.1 如何做好参与人员的信息登记

（1）**设置登记处**。很多活动参与人员之所以不进行登记，并不是因为他们不想留电话号码等信息，而是根本不知道入场时应该在哪里进行登记。因此，企业一定要设置登记处，并且将其设置在活动现场最为显眼的位置。这样方便参与人员在入场时就看到并且主动去登记。

（2）**发放伴手礼**。一般很多大型活动都会在登记后发放伴手礼，这样做的好处：第一，能够最大限度地确保活动参与人员的登记率；第二，能够让企业直观地了解有多少人进入了会场。

（3）**登记换门票**。企业如果担心活动现场的登记率达不到预期，那么可以针对活动的关键环节设置门票，让参与人员在登记后领取门票，凭票进行体验和观看。

15.2.2 进行参与人员信息登记时应注意的问题

进行参与人员信息登记时应注意如下问题。

（1）**不要造成拥堵**。众所周知，活动登记处一般都会设置在会场的入口位置，因此，一定要确保登记处的服务人员数量足够、登记速度够快，千万不要造成拥堵或参与人员等待时间过长的情况出现。

（2）**登记处要显眼**。既然企业需要活动的参与人员在入场之前进行登记，那么一定要将登记处设置在显眼位置，方便参与人员快速找到并登记。

（3）**提供便利**。很多人在参与活动时不会自备水性笔和白纸，因此登记处一定要准备一些水性笔和白纸，从而确保登记的顺利进行。企业在登记时给活动参与人员提供便利，还能使其对企业产生好感。

> **Tips**：如果企业想要最大限度地吸引意向客户，广泛地积累客户资源，那么一定要做好活动参与人员的登记工作。企业可通过设置登记处、发放伴手礼、登记换门票等方式来刺激活动参与人员进行登记。当然，企业一定要注意不要造成拥堵、设置的登记处要显眼，同时最大限度地为活动参与人员提供便利。

15.3　设置茶水区域

在活动中，企业除要考虑参与者的购买问题外，还要考虑到参与者的舒适度。所以，在大型活动中一定要设置茶水区域，从而增加参与者在活动现场的逗留时长。那么，活动现场的茶水区域该设置在哪里呢？在设置时又该注意哪些问题呢？本节就来进行详细讲解。

15.3.1　如何设置茶水区域

为大型活动设置茶水区域，一定要遵循两大原则：卫生、便利。因此，活动现场的茶水区域一般应该设置在如下位置。

（1）**在活动场地的一侧**。很多大型活动都会在活动场地的某一侧设置专门的茶水区域。这样设置便于活动参与者找到，且没有车辆及服务人员搬运物料路过，干净卫生。

第 15 章　举办活动时应注意的其他问题

（2）**在活动场地中央和四周**。在较大的活动场地，活动参与者走到活动现场核心区域后就会感到疲惫。因此，一定要在活动现场核心区域的某个角落设置茶水区域，从而便于活动参与者休息。

（3）**在活动场地的出入口**。很多人为了能够很好地参与到活动中来，是不会在活动现场购买饮料和食物的，但会在走进去之前或走出去之后想起要喝水、吃东西。因此，企业可以在活动场地的入口附近设置用水区域，在活动的出口附近设置茶水及用餐区域。

15.3.2　设置茶水区域时应注意的问题

企业设置活动现场的茶水区域时应注意如下问题。

（1）**远离活动主要用道**。在设置茶水区域时，一定要远离活动的主要用道，避免因来往车辆过多，或者服务人员搬运物料的来往次数过多而掀起灰尘，影响活动参与者用餐。

（2）**餐厅不露天**。为了确保食品加工的安全性和卫生性，活动现场的茶水区域尽量做到不露天。这样不仅能够保证卫生，还能够给活动参与者留出一个不受打扰的用餐环境。

（3）**卫生环境**。茶水区域提供的食品一定要有合格证，也一定要派专人进行打扫和清洗，从而确保活动参与者能够在参与活动的同时吃到放心的食物。

> **Tips**：为了使活动参与者拥有完美的参与体验，在活动现场应该设置茶水区域，这样不仅能够解决活动参与者的饮食问题，还能够给活动参与者提供一个休息的场所。当然，一定要注意茶水区域远离活动主要用道，避免因来往车辆过多，或者服务人员搬运物料的来往次数过多而影响活动参与者用餐；同时，要避免茶水区域露天。这样才能使茶水区域更加卫生。

249

15.4 为突发事件预留绿色通道

针对大型活动，一定要在布展时设置好关键时刻逃生的绿色通道。这样才能确保当突发事件来临时，活动参与者的财产和人身安全有保障。那么，活动主办方该如何为突发事件预留绿色通道呢？本节就针对这一问题进行详细讲解。

15.4.1 如何为突发事件预留绿色通道

企业员工不是消防和安保方面的专家，所以应当将事关生命和财产安全的事情交给专业的组织和部门。在活动之前，主办方一定要与消防和安保相关部门进行沟通，让他们从专业角度慎重考虑，在活动现场设置安全逃生的绿色通道。

15.4.2 为突发事件预留绿色通道时应注意的问题

企业为突发事件预留绿色通道时应注意如下问题。

（1）**避免堆积杂物**。在设置的绿色通道上，一定要注意不能堆积任何物料。这样一方面能够最大限度地避免安全事故的发生，另一方面保证当突发事件来临时，所有人都能够顺利地通过这条通道逃生。

（2）**避免大门紧锁**。一定要随时保证绿色通道畅通，避免大门紧锁。这样，当遭遇突发事件时，才能确保所有人逃生。如果绿色通道大门紧锁，则会在遭遇突发事件时活动现场混乱，发生不可想象的事情。

（3）**避免过于狭窄**。绿色通道一定要宽敞，这样才能最大限度地使所有人在短时间内及时撤离活动现场。如果绿色通道狭窄，就可能造成拥挤、踩踏等事件，产生不可挽回的后果。

> **Tips**：在发起大型活动之前，一定要预留绿色通道。为了使通道更加科学，确保所有活动参与者都能够在突发事件来临时从容应对、及时逃生，一定要与消防或安保部门进行合作，让专业的人来设定绿色通道；同时，也要避免绿色通道堆积杂物、大门紧锁、过于狭窄的问题。

15.5 选取小礼品

在活动现场，很多企业都会给活动参与者发放一些小礼品，但久而久之，有人发现，有些小礼品并不能使参与者记住企业。这是为什么呢？下面笔者就来进行详细解析。

15.5.1 如何选取小礼品

在活动现场发放怎样的小礼品才能被大众所记住呢？企业可以参考如下四个方面去选取小礼品。

（1）实用性。这方面自然不必多说，一定要选择比较实用的小礼品。这样，参与者在拿到手以后多半会使用，从而在短期内记住企业。

（2）创意性。在为活动选取小礼品时，一定要注意创意性。企业可选取一些参与者在生活中很难看到的东西来作为小礼品。只有参与者感到新奇，才能在短时间内对企业形成记忆。

（3）使用频率。企业在为活动选取小礼品时，也应该考虑到小礼品的使用频率，最好选择大众都能用得上的东西。如果活动参与者每天都会使用企业发放的小礼品，就相当于企业每天都在和参与者打招呼，潜移默化中，参与者就会对企业印象深刻。

（4）价值。如果企业发放的小礼品有一定的价值，或者说看起来比较昂贵，那么很显然参与者会如获至宝，至少不会随手丢弃。因此，企业在为活动选取小礼品时，一定要选择一些有一定价值、看起来较昂贵的东西。

15.5.2 选取小礼品时应注意的问题

企业在选取小礼品时应注意如下问题。

（1）**印上企业的 Logo**。如果企业想通过发放小礼品的方法来加深参与者对企业的印象，那么一定要在小礼品上印上企业的 Logo。这样，参与者在使用小礼品时就会看到企业的 Logo，进而形成记忆。

（2）**注意发放的仪式感**。参与者对通过自己努力获得的礼品才会珍惜。因此，企业在发放礼品的时候一定要注意礼品发放的仪式感，最好在与活动参与者进行互动后发放。这样才能够起到加深参与者对企业的印象的作用。

（3）**根据需求发放**。虽然企业会给所有参与者发放伴手礼，但是很多人会将伴手礼默默留在活动现场。因此，企业应该按照需求发放礼品。

> **Tips**：企业在为活动选取小礼品时，一定要注意四个方面：实用性、创意性、使用频率与价值。企业应选择一些参与者切实用得上的，而且具备一定价值的东西，来作为活动现场所发放的礼品。另外，可在礼品上印上企业的 Logo，这样才能使参与者对品牌印象深刻。

15.6 为服务人员设置休息区

在活动现场，企业除要给活动参与者提供舒适的体验感外，对于服务人员也要做好安顿工作。为确保服务人员能够更加专注于服务，企业可在活动现场为服务人员设置休息区。那么，企业应该怎样为服务人员设置休息区呢？下面笔者就来进行讲述。

15.6.1 如何为服务人员设置休息区

企业只需在活动场地外的某个角落搭建一个临时房屋，供服务人员休息、吃饭即可。当然，一定要干净卫生，便于和活动主会场进行联络，这样才能确保在活动现场遇到问题时，服务人员能及时赶到。

15.6.2 为服务人员设置休息区时应注意的问题

企业为服务人员设置休息区时应注意如下问题。

(1) 空间要大。一场大型活动举办下来，所需服务人员的数量不会很少，因此为服务人员设置的休息区域要足够大，足够容纳现场所有服务人员休息、吃饭。

(2) 干净整洁。既然是休息区域，就一定要确保整洁。这样才能给服务人员舒适感。给服务人员提供一个合适的休息区域，便于服务人员养精蓄锐。

(3) 可供食宿。既然是休息区域，那么一定要满足食、宿两大需求。因此，休息区域一定要满足服务人员的食宿问题。这样既能为活动现场的餐饮点进行分流，又能使服务人员吃好、休息好。

(4) 便于联络。在活动的休息区域一定要安装电话和网络，并保持网络和电话的畅通。这样才能确保在活动现场出现问题时，服务人员能够在第一时间赶到。

> **Tips**：无论是活动的参与者还是活动的服务人员，都需要休息，因此活动的主办方不仅要考虑活动参与者，也要给活动服务人员留出足够的休息和用餐空间，同时确保干净整洁。这样才能使服务人员休息好，进而更加卖力地投入到活动现场的服务工作中去。另外，服务人员休息区域的电话和网络一定要保持畅通，从而确保活动现场出现问题时服务人员可以及时赶到。

后 记

受到电商行业的冲击，传统企业要想举办一场极为吸睛的活动已经不再是一件容易的事情。企业不仅需要具备全局观念，把握好线上线下活动现场的每一个细节，还需要与时俱进，将创新思维和时下热点完美结合。

随着大众对体验度、舒适感需求的不断提升，企业在策划活动时不仅要考虑活动内容本身，还要将活动现场的交通、参与者的食宿、礼品的实用性等问题考虑周全。

但这并不意味着在电商时代传统企业不再具备优势。传统企业所特有的文化氛围，产品看得见、摸得着，便于与顾客零距离沟通，便于面对面售后跟踪等优势依旧是电商企业无法比拟的。

本书所讲述的内容，全部根据笔者实操中遇到的真实案例进行总结，以期为企业的活动策划提供参考。但由于受到笔者学术、眼界、阅历的限制，书中内容难免有偏颇之处，还望各位读者批评指正。